Handlungsorientierte Materialien

Wirtschaftspolitik/ Wirtschaftsordnung

Jürgen Böker, Thomas Kreye,
Thomas Meyer, Klaus Richter

Lehrerband

Übereinstimmend ab 1. Auflage des Schülerarbeitsheftes
(ISBN 3-14-210003-2), 2000

© Winklers Verlag
im Westermann Schulbuchverlag GmbH
Postfach 11 15 52, 64230 Darmstadt
http://www.winklers.de
Druck: westermann druck GmbH, Braunschweig

ISBN 3-8045-5063-0

Inhaltsverzeichnis

Vorwort

Der vorliegende Lehrerband zum Arbeitsheft Wirtschaftspolitik/Wirtschaftsordnung stellt für Lehrkräfte und Ausbilder ein differenziertes Angebot dar um ein ganzheitliches Unterrichtskonzept umzusetzen. Zu diesem Zweck werden über die Lösungsvorschläge hinaus Ergänzungsmaterialien zum Themenbereich Wirtschaftspolitik/Wirtschaftsordnung bereitgestellt.

In dem Ergänzungsteil werden zunächst die Anforderungen an handlungsorientierte Lehr-/Lernmaterialien und deren Umsetzung in der beruflichen Bildung thematisiert. Im Anschluss daran bieten volkswirtschaftliche Lehr-/Lerngerüste insbesondere die Möglichkeit, die Lehr-/Lernprozesse zu strukturieren und zu systematisieren.

Informationsmaterial zum Rollenspiel, zum Hearing und zur Zukunftswerkstatt ermöglicht die Vertiefung des methodischen Basiswissens. Auszüge aus fachwissenschaftlichen Publikationen bieten Lehrkräften und Ausbildern aktuelle Hintergrundinformationen zum Themenbereich Wirtschaftspolitik/Wirtschaftsordnung. Zusätzliche Arbeitsmaterialien und ausgewählte Gesetzestexte zum Themenbereich Wirtschaftspolitik/Wirtschaftsordnung stellen ein weiteres Angebot zur Differenzierung des Unterrichtsgeschehens dar.

Autorenteam und Verlag sind für Verbesserungsvorschläge und kritische Hinweise dankbar. Wir wünschen Ihnen viel Spaß und Erfolg bei der Arbeit mit dem Arbeitsheft und dem Lehrerband.

Autorenteam und Verlag   Braunschweig, Frühjahr 2000

Piktogramm-Erläuterung

Folgende Piktogramme werden in diesen Lehr-/Lernmaterialien als Orientierungshilfen verwendet:

Die Fallstudie zur Wirtschaftspolitik ist chronologisch aufgebaut, sie beginnt am 2. März.

Dieses Piktogramm kennzeichnet alle Informationen, die zur Falllösung notwendig sind. Vertiefende Informationen können bei Bedarf z. B. mithilfe des im Anhang befindlichen Literaturverzeichnisses oder des Internets beschafft werden.

Dieses Piktogramm weist auf Materialien in Form von Quellentexten hin, die den Schülerinnen und Schülern als Arbeitsgrundlage für themenfeldbezogene Gruppenarbeit dienen.

Das PC-Symbol zeigt an, bei welchen Arbeitsschritten die Anwendung neuer Technologien bei Bedarf erfolgen kann.

Dieses Piktogramm kennzeichnet Arbeitsaufträge. Die Lösungsvorschläge zu den Aufgaben sollten zunächst mit einem Bleistift eingetragen werden, damit Korrekturen bei der Auswertung und dem Vergleich der Antworten möglich sind.

Dieses Piktogramm zeigt an, an welchen Stellen des Arbeitsheftes eine Auswertung der Gruppenergebnisse mithilfe einer Lehrkraft oder eines Ausbilders sinnvoll erscheint. Es handelt sich hierbei um Vorschläge. Die zeitliche Einteilung der Auswertungsphasen kann verändert werden.

Methodische Hinweise

Sollten die Lernenden noch keine Erfahrungen im Umgang mit handlungsorientierten Materialien besitzen, wäre es sinnvoll, mit ihnen über die Zielrichtung handlungsorientierten Lernens zu diskutieren. Als Hilfestellung bietet sich beispielsweise das Vorwort des Arbeitsheftes an, das gemeinsam gelesen werden könnte. Eine weitere Möglichkeit wäre die „Anforderungen an handlungsorientierte Unterrichtsmaterialien und ihre Umsetzung im Arbeitsheft Wirtschaftspolitik/Wirtschaftsordnung" (S. 20 f. des Lehrerbandes) in die Diskussion einzubringen (z. B. als OHP-Folie). Die Verdeutlichung der Ziele des handlungsorientierten Unterrichtes ist unseres Erachtens wichtig, da das Arbeiten mit handlungsorientierten Materialien bei einigen Lerngruppen zu „Ermüdungserscheinungen" führen kann. Hintergrund dieser Schülerkritik ist häufig die Tatsache, dass sie sich bei dieser Unterrichtsform wesentlich mehr einbringen müssen als bei lehrerzentriertem Unterricht. Gerade das Aufbrechen der gewohnten „Konsumentenhaltung" im Unterricht erfordert vorher ein grundlegendes Unterrichtsgespräch über die Zielrichtung handlungsorientierten Lernens.

In diesem Zusammenhang sollte auch über die Bewertung von Gruppenleistungen gesprochen werden. Möglich wäre z. B., dass die Lernenden Frage- bzw. Auswertungsbogen zur Bewertung von Gruppenleistungen oder von Präsentationen entwerfen.

Das Arbeitsheft sollte möglichst in Gruppen- oder Partnerarbeit abschnittweise erarbeitet werden um die Kooperationsfähigkeit der Lernenden zu fördern. Ein spezielles Piktogramm gibt an, an welchen Stellen eine Auswertung der Gruppenergebnisse unter Hinzuziehung der Lehrkraft bzw. des Ausbilders empfehlenswert ist. Selbstverständlich kann die Lerngruppe auch andere Entscheidungen treffen. Die Lehrkraft sollte sich prinzipiell eher als Moderator/-in oder Lernberater/-in in den Lehr-/Lernprozessen begreifen, die Schüler und Schülerinnen sollten so stark wie möglich selbstständig die Lernaktivitäten steuern.

Das Lerngebiet Wirtschaftspolitik/Wirtschaftsordnung wird in Form einer Fallstudie von den Lernenden erschlossen. Dabei wurde vom Autorenteam Wert darauf gelegt, dass das Lerntempo von den Schülerinnen und Schülern selbst bestimmt werden kann. Zu diesem Zweck ist es möglich, Aufgaben aus Zeitgründen zu kürzen oder zusätzliche Aufgabenstellungen zu integrieren. Beispielsweise können weitere Erkundungen zu einzelnen Sachverhalten in die Fallbearbeitung einbezogen werden, ohne dass der rote Faden der Fallstudie verloren geht. Die Lernenden sollten in diesem Sinne flexibel mit dem Arbeitsheft umgehen um so ihren individuellen Lernvoraussetzungen gerecht werden zu können.

Das Lerngebiet Wirtschaftspolitik/Wirtschaftsordnung wird im Arbeitsheft als politisches Problem der Bundesregierung erfahren, das der dringenden Lösung bedarf. Die Lernenden erfassen aus der Sicht der Bundesregierung wirtschaftspolitische Problemstellungen und erarbeiten selbstständig Lösungsvorschläge. Die Praxisnähe soll dadurch verstärkt werden, dass die Schülerinnen und Schüler die Rollen der politisch Handelnden übernehmen und sich deren Aufgabenstellungen zu eigen machen. Insbesondere durch die Methoden Rollenspiel, Hearing und Zukunftswerkstatt wird dies ermöglicht.

Auch die Anwendung des PCs kann individuell gehandhabt werden (z. B. bei der selbstständigen Informationsbeschaffung per Internet). Zu diesem Zweck kann das im Schülerheft abgedruckte Anschriftenverzeichnis wirtschaftspolitischer Institutionen genutzt werden.

Die im Arbeitsheft zur Verfügung gestellten Informationsmaterialien sind so gestaltet worden, dass mit ihrer Hilfe sämtliche Aufgabenstellungen bewältigt werden können. Selbstverständlich gilt auch hier, dass Ergänzungen durch weitere Materialien (z. B. Fachbücher, Gesetzestexte) jederzeit möglich sind. Falls die Zeit es zulässt, könnten zusätzliche Exkursionen (z. B. Besuch von Bibliotheken) durchgeführt werden.

Im Anhang des Schülerarbeitsheftes sind Rollenkarten enthalten, die im Zusammenhang mit der Aufgabe 10 benutzt werden können.

Das Arbeitsheft und die ergänzenden Materialien des Lehrerbandes sind so aufeinander abgestimmt, dass ein fächerübergreifender und projektorientierter Unterricht leicht realisierbar ist. Mit Lehrkräften, die diese Lernbereiche unterrichten, sollte vorher eine gezielte Abstimmung in der Unterrichtsplanung erfolgen. Auch die Einbeziehung der Lehrkräfte für Deutsch und Politik ist durchaus sinnvoll.

Die mit dem PC-Piktogramm gekennzeichneten Aufgaben des Arbeitsheftes können computerunterstützt bearbeitet werden. Das Materialienangebot des Lehrerbandes ist so konzipiert worden, dass ein differenzierter Unterricht ermöglicht wird.

Damit auf heterogen zusammengesetzte Lerngruppen Rücksicht genommen werden kann, können z. B. entsprechende Lehr-/Lerngerüste oder fachwissenschaftliche Veröffentlichungen von leistungsstarken Schülern/Schülerinnen und/oder Lehrkräften/Ausbildern in den Lehr-/Lernprozess eingebracht und angemessen präsentiert werden.

Das Autorenteam wünscht viel Spaß beim kreativen Umgang mit dem Arbeitsheft.

I Lösungsvorschläge
zu den Aufgaben des Schülerheftes

(Schülerheft-Seiten 6-65)

Inhaltsverzeichnis

Aufgabe 1:

Stellen Sie die im Dialog von Bundesminister Wülfing und Bundesministerin Hasselbach geäußerten wirtschaftlichen Zusammenhänge in strukturierter Form (z. B. Ablaufdiagramm) dar. Verwenden Sie dazu den folgenden Freiraum.

Entscheiden Sie, ob Sie diese Aufgabenstellung in Partner- oder Gruppenarbeit lösen möchten. Klären Sie mit Ihrer Lehrkraft, wie die Arbeitsergebnisse in der Klasse verglichen und gegebenenfalls ergänzt werden können.

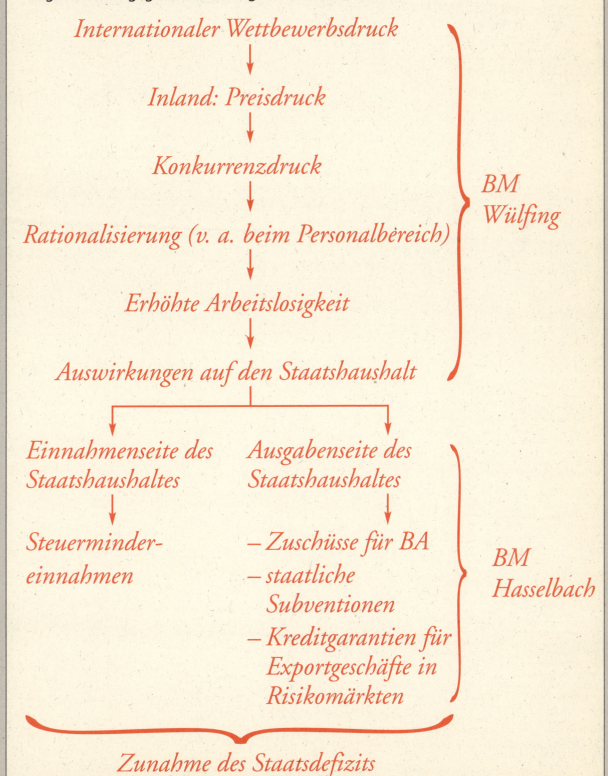

Aufgabe 2:

Untersuchen Sie, wie sich Ihrer Meinung nach die im Dialog der Kabinettsrunde beschriebenen weltwirtschaftlichen Veränderungen auf

I. die Höhe der Arbeitslosigkeit (Informationsmaterial S. 12 f.),

II. das Wirtschaftswachstum (Informationsmaterial S. 14),

III. die Entwicklung zur Dienstleistungsgesellschaft (Informationsmaterial S. 15),

IV. die Höhe des Im- und Exports von Waren, Dienstleistungen und Kapital (Informationsmaterial S. 16 ff.)

in der deutschen Wirtschaft auswirken.

a) Bilden Sie zur Bearbeitung dieser Fragestellungen Arbeitsgruppen, die jeweils einen dieser Aspekte untersuchen. Prüfen Sie mithilfe der für Ihre Arbeitsgruppe relevanten Informationsmaterialien, ob aufgrund der weltwirtschaftlichen Entwicklungen eher eine Zu- oder Abnahme der jeweiligen Größe zu erwarten ist. Begründen Sie jeweils Ihre getroffene Einschätzung.
Vereinbaren Sie mit Ihren Mitschülerinnen und Mitschülern, welchen Zeitumfang Sie für die Bearbeitung dieser Aufgabenstellung benötigen.

b) Präsentieren Sie im Anschluss an Ihre Gruppenarbeit die erarbeiteten Ergebnisse in geeigneter Form (z. B. mithilfe einer Wandzeitung oder OHP-Folie). Beachten Sie dabei die auf S. 11 genannten Präsentationsregeln.

c) Reflektieren Sie die präsentierten Arbeitsergebnisse und prüfen Sie Zusammenhänge; halten Sie diese als Ergebnissicherung fest. Verwenden Sie den auf der Seite 20 zur Verfügung stehenden Freiraum.

PRÄSENTATIONSREGELN

1) Die Präsentation soll die Arbeit in der Gruppe und ihre Ergebnisse widerspiegeln. Aus diesem Grund sollten sich möglichst alle Gruppenmitglieder an der Präsentation beteiligen.	I Funktion der Präsentation
2) Benutzen Sie geeignete Medien, die Ihre Arbeitsergebnisse veranschaulichen.	II Mediale Ebene der Präsentation
3) Sprechen Sie laut und deutlich und heben Sie zentrale Aussagen durch Betonung hervor.	III Sprachliche Ebene der Präsentation
4) Achten Sie darauf, dass sich Ihre Präsentation an die gesamte Klasse und nicht nur an die Lehrkraft wendet – Blickrichtung und Körperhaltung beachten.	IV Nonverbale Ebene der Präsentation
5) Geben Sie im Anschluss an die Präsentation Ihren Mitschülerinnen und Mitschülern Gelegenheit Verständnis- und gegebenenfalls Vertiefungsfragen zu stellen.	V Kommunikative Ebene

Lösungsvorschläge zu Aufgabe 2a

Ergebnissicherung

Umfang und Tiefe der Antworten sind abhängig von den Lernvoraussetzungen der Schülerinnen und Schüler.

zu I   Höhe der Arbeitslosigkeit:

- nimmt zunächst in den meisten Branchen zu, da internationaler Wettbewerbsdruck zur Verlagerung von Arbeitsplätzen in kostengünstigere Länder führt;
- nach einer Umstrukturierungsphase im Inland (z. B. Senkung der Lohnnebenkosten) wird die Wettbewerbsfähigkeit erhöht und in vielen Branchen kann es zu Neueinstellungen kommen;
- die zukünftige Entwicklung der Arbeitslosigkeit ist abhängig vom Umfang der Strukturreformen in der deutschen Wirtschaft und der Markteinführung innovativer Produkte.

zu II   Wirtschaftswachstum:

- Nimmt zunächst ab, da durch zunehmende Arbeitslosigkeit die Kaufkraft sinkt und es zu Steuermindereinnahmen kommt;
- Durch verstärkte Strukturreformen im stark exportabhängigen sekundären Sektor (z. B. Automobil- und Maschinenbau) und innovativen Ausbau des tertiären Sektors ist zunehmendes Wirtschaftswachstum zu erwarten.

zu III Entwicklung zur Dienstleistungsgesellschaft:

- Bedeutung des primären Sektors nimmt weiter ab;
- Anteil des sekundären Sektors verringert sich weiterhin tendenziell;
- Gewicht des tertiären Sektors nimmt weiter zu, wobei das Ausmaß abhängig ist vom Umfang der Strukturreformen und der Innovationsfähigkeit von Staat, Unternehmen und Arbeitnehmern.

zu IV Im- und Export von Waren, Dienstleistungen und Kapital:

- Warenimport wird wahrscheinlich zunehmen, da die Weltmarktpreise aufgrund globaler Konkurrenz sinken;
- Warenexport nimmt weiter zu (z. B. abhängig vom Anstieg des Welthandelsvolumens, Innovationsfähigkeit deutscher Unternehmen, Entwicklung der Währungskurse);
- Ausgaben für die Einfuhr ausländischer Dienstleistungen nehmen zu (z. B. Tourismus-, Versicherungs- und Multimediabranche)
- Einnahmen für die Ausfuhr von Dienstleistungen steigen weiterhin an, was u. a. abhängig ist vom Wachstum des tertiären Sektors und deren internationaler Wettbewerbsfähigkeit;
- Kapitalimport nimmt zu, soweit sich die Standortbedingungen für ausländische Investoren in Deutschland verbessern;
- Kapitalexport nimmt zu um in neuen Auslandsmärkten präsent zu sein.

Lösungsvorschläge zu Aufgabe 2c

Schülerabhängige Antworten

Aufgabe 3:

Die beiden Bundesminister erörtern in ihrem Dialog die Schwierigkeit, die augenblickliche konjunkturelle Lage eindeutig zu bestimmen.

Verschaffen Sie sich aufgrund des folgenden Informationsmaterials einen Überblick über das Konjunkturphasenmodell. Bilden Sie zu jeder der vier Konjunkturphasen eine Arbeitsgruppe und bearbeiten Sie jeweils die folgenden Aufgaben:

a) Klären Sie in Ihrer Arbeitsgruppe, wie sich die folgenden Größen in der entsprechenden Konjunkturphase verhalten: [1]

	Aufschwung	Hochkonjunktur	Abschwung	Konjunkturtief
• Bruttoinlandsprodukt	+	++	–	– –
• Auftragseingänge in Unternehmen	++	+(+)	– –	–(–)
• Beschäftigungsgrad	+	++	–	– –
• Löhne und Gehälter	+	++	–	– –
• Gewinne	+	++	–	– –
• Konsumausgaben der Endverbraucher	+	++	–	– –
• Investitionen der Unternehmen	++	+	– –	–(–)
• Preise von Gütern und Dienstleistungen	+	++	–	– –
• Sparleistungen von Unternehmen und Konsumenten	+	+(+)	–	– –

Benutzen Sie für die jeweilige Zustandsbeschreibung der Größen die folgenden Symbole:

stark steigend ++   steigend +   unverändert 0   sinkend –   stark sinkend – –

---

1 Die Antworten können variieren, da in den einzelnen Konjunkturphasen unterschiedliche Zeitpunkte als Bezugsgröße zugrunde gelegt werden können.

---

b) Prüfen Sie anhand der folgenden Grafik, wie häufig die Ihrer Arbeitsgruppe zugeordnete Konjunkturphase zwischen 1970 und heute nachweisbar ist und dokumentieren Sie festgestellte Auffälligkeiten.

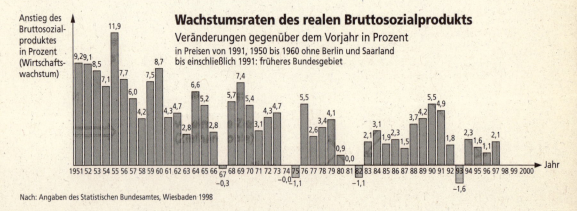

Nach: Angaben des Statistischen Bundesamtes, Wiesbaden 1998

Aufschwungphasen: *ab 1971; ab 1976; ab 1983; 1994*
Hochkonjunkturphasen: *1973; 1979; 1990*
Abschwungphasen: *1974; 1980/81; 1991/92*
Konjunkturtiefphasen: *1975; 1982; 1993*
besondere Auffälligkeiten: *unterschiedliche Dauer von Konjunkturphasen; Sonderentwicklung im Zeichen der deutschen Einheit*

Begründungen: *Schülerabhängige Antworten*

Aufgabe 4:

Entnehmen Sie aus Tageszeitungen, Wirtschaftsmagazinen oder anderen Informationsquellen (z. B. Internet) die aktuellen Wirtschaftsdaten und bestimmen Sie, in welcher Phase sich die deutsche Konjunktur derzeit befindet. Begründen Sie Ihre Einschätzung.

Ergebnissicherung

Schülerabhängige Antwort

Aufgabe 5:

Bilden Sie mehrere gleich große Arbeitsgruppen und bearbeiten Sie jeweils die folgenden Teilaufgaben. Beziehen Sie das folgende Informationsmaterial in Ihre Überlegungen mit ein.

a) Bringen Sie die vier wirtschaftspolitischen Ziele des Stabilitätsgesetzes in eine Rangfolge, die Sie persönlich für richtig halten. Begründen Sie Ihre Entscheidung.

Ziele des Stabilitätsgesetzes	Persönliche Rangfolge	Begründung
Stabilität des Preisniveaus		*Schülerabhängige Antwort;*
Hoher Beschäftigungsstand		*Schülerabhängige Antwort;*
Außenwirtschaftliches Gleichgewicht		*Schülerabhängige Antwort;*
Angemessenes Wirtschaftswachstum		*Schülerabhängige Antwort;*

b) Entscheiden Sie durch Eintragung der entsprechenden Symbole in die folgende Matrix, welche wirtschaftspolitischen Ziele des Stabilitätsgesetzes vereinbar bzw. unvereinbar sind.

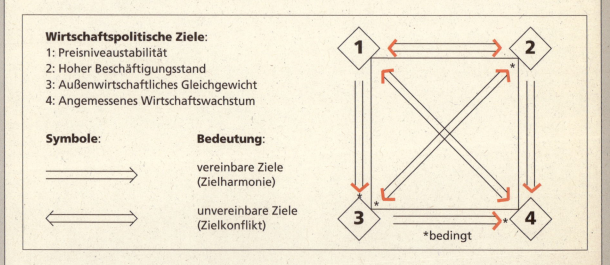

Wirtschaftspolitische Ziele:
1: Preisniveaustabilität
2: Hoher Beschäftigungsstand
3: Außenwirtschaftliches Gleichgewicht
4: Angemessenes Wirtschaftswachstum

Symbole: **Bedeutung**:

→   vereinbare Ziele (Zielharmonie)

↔   unvereinbare Ziele (Zielkonflikt)

*bedingt

c) Stellen Sie die in den Arbeitsgruppen erarbeiteten Ergebnisse der Teilaufgaben a) und b) im Klassengespräch vor und begründen Sie jeweils Ihre Lösungsvorschläge. Überlegen Sie anschließend, ob unterschiedliche Lösungen der beiden Teilaufgaben zu einem gemeinsamen Arbeitsergebnis zusammengefasst werden sollten.

Schülerabhängige Antworten

Aufgabe 6:

Bearbeiten Sie die beiden folgenden Aufgaben zur Erschließung neuer Ziele der Wirtschaftspolitik.

a) Diskutieren Sie zunächst im Klassengespräch, welche weiteren wirtschaftspolitischen Ziele in das Stabilitätsgesetz aufgenommen werden sollten. Begründen Sie jeweils, warum Ihnen diese Ziele wichtig erscheinen. Tragen Sie das Ergebnis Ihrer Diskussion in die folgende Tabelle ein.

Neue wirtschaftspolitische Ziele	Begründung
– Lebenswerte Umwelt	*– Gesellschaftlicher Grundwert*
– Gerechte Einkommens-	*– Soziale Gerechtigkeit;*
und Vermögensverteilung	*Belebung der Nachfrageseite*
•	•
•	•
•	•
Schülerabhängige Antworten	*Schülerabhängige Antworten*

b) Erstellen Sie anschließend in gemeinsamer Arbeit eine Collage, die mithilfe von Fotos, Textausschnitten oder grafischen Elementen die neuen wirtschaftspolitischen Ziele veranschaulicht und dokumentiert. Sie können Ihre Collage fotografieren und an dieser Stelle einkleben:

Collagenfoto

Schülerabhängig

Aufgabe 7:

Bearbeiten Sie die beiden folgenden Arbeitsaufträge zur Wirtschaftspolitik.

a) Informieren Sie sich auf Seite 33 über die traditionellen Instrumente staatlicher Wirtschaftspolitik. Prüfen Sie am Beispiel der Veränderung von Steuersätzen und Staatsausgaben, inwieweit diese in den vier Konjunkturphasen erhöht oder gesenkt werden sollten, um den Konjunkturverlauf positiv zu beeinflussen. Halten Sie Ihre Ergebnisse fest, indem Sie die folgenden Symbole in die unten stehende Übersicht eintragen.

Steuersätze bzw. Staatsausgaben ...

stark erhöhen $\boxed{++}$ leicht erhöhen $\boxed{+}$ unverändert lassen $\boxed{0}$ leicht senken $\boxed{-}$ stark senken $\boxed{--}$

Ausgewählte Instrumente der Fiskalpolitik: / Konjunkturphasen:	Aufschwung	Boom	Rezession	Depression
Veränderung der Steuersätze	0/+	++	–	––
Veränderung der Staatsausgaben	–	––	+	++

b) Bilden Sie zu den fünf folgenden Themenfeldern jeweils eine Arbeitsgruppe. Werten Sie die entsprechenden Arbeitsmaterialien mit dem Ziel aus, neue Anforderungen an die staatliche Wirtschaftspolitik zu formulieren.

Präsentieren Sie anschließend Ihre Arbeitsgruppenergebnisse in geeigneter Form (z. B. mithilfe eines Thesenpapiers) der Klasse.

Stellen Sie sicher, dass die jeweiligen Ergebnisse allen Klassenmitgliedern in schriftlicher Form (z. B. Kopie, Protokoll) zur Verfügung gestellt werden.

Herausforderungen an die Wirtschaftspolitik der Zukunft		
Arbeits-gruppe	**Themenfelder**	
1	Neue Arbeitsmarktpolitik	34 – 36
2	Anpassung des Sozialsystems an gesellschaftliche Strukturveränderungen	37 – 39
3	Ökologischer Umbau von Gesellschaft und Staat	40 – 42
4	Bildung, Forschung und Entwicklung von Zukunftstechnologien	43 – 45
5	Europäischer Zusammenschluss im Zeichen der Globalisierung	46 – 48

Neue Anforderungen an die staatliche Wirtschaftspolitik
Arbeitsgruppe 1: Neue Arbeitsmarktpolitik

- *Förderung des Dienstleistungssektors ohne Vernachlässigung des sekundären Sektors (vgl. Arbeitsmaterial „AM" 1);*
- *Stärkung eines Mentalitätswandels bei Arbeitnehmern und Arbeitgebern: vermehrte Kundenorientierung, erhöhte Risikobereitschaft (vgl. AM 1);*
- *Stützung traditioneller Branchen, wie z. B. der Automobil-, Maschinenbau- und Chemieindustrie (vgl. AM 2);*
- *Unterstützung innovativer Branchen, wie z. B. in der Bio-, Gen- und Solartechnologie durch zeitlich begrenzte Subventionen (vgl. AM 2);*
- *Veränderung ordnungspolitischer Rahmenbedingungen, z. B. von Gesetzen, Datenschutzbestimmungen zur Ausweitung interaktiver Multi-Mediatechnik; Förderung des Internet-Ausbaus (vgl. AM 3);*
- *Stärkung der Innovationskraft durch Abbau staatlicher Reglementierungen (vgl. AM 4);*
- *Stützung alternativer Formen der Arbeit bezüglich der Arbeitszeit oder des Arbeitsortes, z. B. durch Zeitverträge gemäß der Arbeitslage oder Verbesserung der Rahmenbedingungen für Telearbeit (vgl. AM 5);*
- *Förderung neuer Selbstständigkeit, Subunternehmerschaft und Arbeit auf Abruf, z. B. durch Existenzgründungsprogramme (vgl. AM 5);*
- *Gespräche mit Tarifvertragsparteien zur Schaffung von Einstiegstarifen für Langzeitarbeitslose oder Zahlung des Anteils vom „Kombi-Lohn" (vgl. AM 5);*
- *Stärkung „Sonstiger Dienstleistungen", wie z. B. Vermögensberatung, medizinische Praxen, Unternehmensberatung als expandierender Arbeitsmarkt, z. B. durch gezielte Senkung von Lohnnebenkosten (vgl. AM 5).*

Arbeitsgruppe 2: Anpassung des Sozialsystems an gesellschaftliche Strukturveränderungen

- *Reform des Sozialversicherungssystems, insbesondere kostensenkende Strukturveränderungen der Renten- und Krankenversicherung (vgl. AM 1–5);*
- *Berücksichtigung von Folgewirkungen staatlicher Eingriffe in das Sozialsystem, z. B. von Steuerausfällen und Nachfrageverschiebungen (vgl. AM 6, 7);*
- *Verstärkte internationale Zusammenarbeit und Harmonisierung von Steuer- und Wirtschaftsgesetzen, z. B. im Sinne der Sozialcharta der EU (vgl. AM 7, 8).*

Arbeitsgruppe 3: Ökologischer Umbau von Staat und Gesellschaft

- *Schaffung von Arbeitsplätzen durch Ökologisierung der Wirtschaft – Förderung von Arbeitssektoren, die im Bereich des Umweltschutzes angesiedelt sind, z. B.*
  - *Förderung der Solarenergie;*
  - *Förderung von Wasserspartechnologien;*
  - *Ökologische Veränderung der Verkehrspolitik;*
  - *Wachstum mit anderen Mitteln – Ökologisches Wachstum (vgl. AM 1);*

- *Schaffung von Entscheidungsspielräumen, um den Zielkonflikt zwischen Ökonomie und Ökologie zu entschärfen, z. B.*
  - *Veränderung der ökonomischen Eigentums- und Verteilungsstrukturen durch Verschiebung gesellschaftlicher Kräfteverhältnisse;*
  - *Erhaltung der sozio-ökonomischen Möglichkeiten zukünftiger Generationen durch Steuerung des Ressourcenverbrauchs und der Naturbelastung durch Abfälle (vgl. AM 2);*

- *Veränderung von Preisrelationen durch eine ökologische Steuerreform, z. B.*
  - *Belastung energieintensiver Branchen und Entlastung arbeitsintensiver Branchen;*
  - *Stärkerer Niederschlag von Ressourcenverbrauch und Umweltbelastungen in den Betriebskosten;*
  - *Wirtschaftliche Anreize zur Energieeinsparung;*
  - *Energieverbrauch verteuern – Arbeit billiger machen;*
  - *Entwicklung eines Steuersystems, das umweltschädliches Wirtschaften eindämmt und umweltverträgliches Wirtschaften fördert;*
  - *Rückgabe des gesamten Energiesteueraufkommens an die privaten Haushalte und die Unternehmen;*
  - *Kompensation des Ökologiesteueraufkommens durch Senkung der Lohnnebenkosten;*
  - *Ausgleich zur Energiesteuer für Nichterwerbseinkommen (z. B. durch Erhöhung von Sozialhilfe, Renten und BAföG-Sätzen);*
  - *Niedrigere Steuersätze für energieintensive Branchen aus Wettbewerbsgründen (vgl. AM 1, 3, 4).*

Arbeitsgruppe 4: Bildung, Forschung und Entwicklung von Zukunftstechnologien

- *Förderung der Entwicklung und des Einsatzes moderner Technologien sowie Abbau von staatlichen und anderen institutionellen Hemmnissen bei der Entwicklung von Zukunftstechnologien (vgl. AM 1, 3 – 8);*
- *Gezielte Wachstums- und Beschäftigungspolitik, um der Gefährdung von Arbeitsplätzen durch die Ausbreitung der Informations- und Kommunikationstechnologien (IKT) entgegenzuwirken (vgl. AM 1);*
- *Einsatz moderner Technologien im staatlichen Einflussbereich, z. B. durch Integration von Digitaltechnik und Nutzung von Datenhighways in öffentlichen Einrichtungen (vgl. AM 1);*
- *Bündelung wirtschaftspolitischer Maßnahmen um IKT zu fördern, z. B. durch gezielte Technologiepolitik sowie Forschungs- und Entwicklungsförderung (vgl. AM 1);*
- *Beachtung der Exportinteressen innovativer Branchen der inländischen Wirtschaft (vgl. AM 4);*
- *Förderung staatlicher und privater Bildungsinvestitionen um den modernen Qualifikationsanforderungen gerecht zu werden, z. B. durch eine entsprechende Steuerpolitik (vgl. AM 9, 10).*

Arbeitsgruppe 5: Europäischer Zusammenschluss im Zeichen der Globalisierung

- *Sicherung von Exportmärkten durch eine gemeinsame europäische Währung (vgl. AM 1);*
- *Internationale Koordination der Wirtschaftspolitik um drohende Abwertungswettläufe, Handelskriege und Weltwirtschaftskrisen abzuwenden (vgl. AM 1);*
- *Förderung des Vertrauens der Kapitalmärkte in die gemeinsame Währung (vgl. AM 3);*
- *Unterstützung des Entwicklungsprozesses von einzelnen Weltmärkten hin zu einem globalen Markt (vgl. AM 4);*
- *Einrichtung eines internationalen Kartellamtes um eine internationale Fusionskontrolle durchführen zu können (vgl. AM 5);*
- *Unterstützung einer europäischen Wirtschaftspolitik, die den unterschiedlichen Lebensstandard der einzelnen Mitgliedsländer angleicht (vgl. AM 5).*

Aufgabe 8:

Sie haben die Arbeitsergebnisse der fünf Arbeitsgruppen zu ihren jeweiligen Themenfeldern in der Präsentation vorgestellt bekommen.

Bilden Sie einen Stuhlkreis und fassen Sie die fünf Arbeitsgruppenergebnisse zu einem einheitlichen wirtschaftspolitischen Strategiepapier zusammen. Dieses Papier sollte von Ihnen so abgefasst werden, dass es als Grundlage der nächsten Kabinettssitzung am 2. April verwendet werden kann.

Schülerabhängige Antwort

Aufgabe 9:

Informieren Sie sich aufgrund des folgenden Informationsmaterials über die rechtliche Stellung der Bundesbank im Verhältnis zur Bundesregierung. Fassen Sie die möglichen geldpolitischen Maßnahmen der Bundesbank und der Europäischen Zentralbank (EZB) und deren Auswirkungen auf die volkswirtschaftlichen Rahmenbedingungen in Form eines Kurzreferates zusammen. Falls Ihnen das angebotene Informationsmaterial nicht ausreicht, können Sie weiteres Material bei anderen Institutionen (vgl. Seite 81 f.) anfordern.

Schülerabhängige Antwort

Aufgabe 10:

Führen Sie in Ihrer Klasse ein Rollenspiel zur Kabinettssitzung durch, in dem Sie die Sichtweise der einzelnen Bundesminister zum wirtschaftspolitischen Strategiepapier kurz thematisieren. Überlegen Sie selbst, welche Bundesminister Ihrer Meinung nach aktiv am Rollenspiel beteiligt sein sollten.

Die nicht am Rollenspiel Beteiligten sollten den folgenden Beobachtungsbogen ausfüllen. Entscheiden Sie, ob Sie für das Rollenspiel die im Anhang befindlichen Rollenkarten verwenden wollen.

Beobachtungsbogen zum Rollenspiel

1. Skizzieren Sie mit wenigen Stichworten die Sichtweise der einzelnen Minister/-innen zum wirtschaftspolitischen Strategiepapier:

   Bundesminister/-in .... : _____

   _____

   Bundesminister/-in .... : _____

   _____

   Bundesminister/-in .... : _____

   _____

   Bundesminister/-in .... : _____   *Schülerabhängige Antworten*

   Bundesminister/-in .... : _____

   _____

   Bundesminister/-in .... : _____

   _____

   Bundesminister/-in .... : _____

   _____

2. Wie identifizieren sich die Rollenspieler/-innen mit ihrer Rolle?

   Schülerabhängige Antworten

   _____

Aufgabe 11:

Werten Sie das durchgeführte Rollenspiel zunächst aus, indem Sie Ihre Ausführungen der einzelnen Beobachtungsbögen abgleichen.

Diskutieren Sie danach im Klassengespräch, ob das erarbeitete Strategiepapier aufgrund des Rollenspiels geändert werden sollte.

Halten Sie etwaige Änderungen auf einem gesonderten Blatt schriftlich fest.

Schülerabhängige Antwort

Aufgabe 12:

Bereiten Sie zunächst unter Nutzung der folgenden Informationsmaterialien in arbeitsteiliger Gruppenarbeit ein entsprechendes Hearing vor. Wählen Sie die Interessengruppen aus, die Ihrer Meinung nach am wichtigsten sind; von jeder Arbeitsgruppe sollte nur jeweils die Sichtweise einer Interessengruppe zusammengefasst werden.

Präsentieren Sie anschließend Ihre Ergebnisse in Form eines Hearings.

Bestimmen Sie für jede Präsentation eine der bestehenden Arbeitsgruppen, die mithilfe des Beobachtungsbogens auf Seite 59 das Statement auswertet.

Beobachtungsbogen zum Hearing

Statement der Interessengruppe ....

1. Skizzieren Sie mit wenigen Stichworten die Sichtweise des Interessenvertreters zum wirtschaftspolitischen Strategiepapier der Bundesregierung.

Schülerabhängige Antworten

2. Wie identifizierte sich der Interessenvertreter mit seiner Rolle?

Schülerabhängige Antworten

3. Welche Verbesserungsvorschläge möchten Sie dem Interessenvertreter bei der Wahrnehmung seiner Interessen unterbreiten?

Schülerabhängige Antworten

1 Ein neuer Ansatz in der kaufmännischen Berufsbildung

Wir befinden uns in einem Prozess der Anpassung der kaufmännischen Berufsbildung an veränderte Qualifikationsanforderungen. Gewandelte technische, ökonomische und gesellschaftliche Rahmenbedingungen haben zu einer veränderten Arbeitsorganisation geführt, die an Arbeitnehmerinnen und Arbeitnehmer auch veränderte Anforderungen stellen.[1]

Die Sozialpartner fordern bei neu geordneten Berufen eine handlungsorientiert geprägte berufliche Bildung. Diese Förderung spiegelt sich auch in der Rahmenvereinbarung der Kultusministerkonferenz über die Berufsschule von 1991 wider:

„Zur Erreichung dieser Ziele muss die Berufsschule

- den Unterricht an einer für ihre Aufgaben spezifischen Pädagogik ausrichten, die Handlungsorientierung betont;

- unter Berücksichtigung notwendiger beruflicher Spezialisierung berufs- und berufsfeldübergreifende Qualifikationen vermitteln;(...)."[2]

Mittlerweile hat das gesteckte Ziel auch seinen Niederschlag in Rahmenrichtlinien der Länder gefunden:

„Vor dem Hintergrund veränderter Qualifikationsanforderungen und unter Beachtung des Bildungsauftrages der Schule muss die kaufmännische Berufsbildung Menschen darauf vorbereiten, sich in komplexen Lebenssituationen zu orientieren und hierin kompetent und verantwortlich zu handeln.

Für das Qualifikationsprofil kaufmännischer Berufe ergeben sich dementsprechend weitgehende Veränderungen.

An Bedeutung gewinnen:

- Denken in übergreifenden, komplexen Strukturen,

- ein breites Verständnis technischer, wirtschaftlicher und organisatorischer Zusammenhänge,

- kognitive Fähigkeiten wie problemlösendes Denken und Lernfähigkeit,

- soziale Kompetenzen wie Teamfähigkeit, Kommunikationsfähigkeit."[3]

2 Ziel des neuen Ansatzes

Die genannten Fähigkeiten lassen sich mit dem von Mertens[4] schon 1974 geschaffenen Begriff der „Schlüsselqualifikationen" beschreiben. Ihre Vermittlung soll durch die Förderung von Handlungskompetenz erreicht werden.[5]

Diese Handlungskompetenz lässt sich wie folgt klassifizieren:

„– **Fachkompetenz**
als die Fähigkeit, fachliche Kenntnisse und Fertigkeiten anwenden zu können

– **Sozialkompetenz**
als die Fähigkeit, mit anderen Menschen kompetent und verantwortungsbewusst umgehen zu können

– **Methodenkompetenz**
als die Fähigkeit, sich selbstständig neue Kenntnisse und Fertigkeiten aneignen zu können."[6]

Nach dieser Trias von Kompetenzen werden im Rahmen der Diskussion um handlungsorientierten Unterricht eine Vielzahl weiterer Kompetenzen definiert, die z. T. unterschiedliche Schwerpunkte setzen: Selbstkompetenz, Ichkompetenz, Lernkompetenz, Sprachkompetenz, Informationelle Kompetenz, Interkulturelle Kompetenz u. a.

All diesen Begriffen liegt das Verständnis zugrunde, dass das Ziel des neuen Ansatzes in der Vermittlung von Schlüsselqualifikationen durch Förderung von Handlungskompetenz im Rahmen der Berufsausbildung bestehen müsse.

So kann das Arbeitsheft Wirtschaftspolitik gleichermaßen als Lernmittel im berufsbezogenen Unterricht wie auch im modernen Politikunterricht eingesetzt werden. Es ermöglicht damit eine Sensibilisierung für gesellschaftliche Zusammenhänge und Probleme sowie für die Komplexität entsprechender politischer Regelungen. Das dadurch unterstützte Interesse an öffentlichen Aufgaben fördert hier die Einsicht in die fächerübergreifenden Zusammenhänge zwischen Wirtschaft und Politik.[7]

1   vgl. Kern, Horst/Schumann, Michael: Das Ende der Arbeitsteilung? – Rationalisierung in der industriellen Produktion, München 1984
2   Sekretariat der Ständigen Konferenz der Kultusminister der Länder in der Bundesrepublik Deutschland: Rahmenvereinbarung über die Berufsschule (Beschluss der Kultusministerkonferenz vom 14./15. März 1991), S.3
3   Niedersächsisches Kultusministerium: Entwurf für die Rahmenrichtlinien für die Fächer des berufsbezogenen Lernbereichs der Einjährigen Berufsfachschule – Wirtschaft und der Einjährigen Berufsfachschule – Wirtschaft für Realschulabsolventinnen/Realschulabsolventen (Höhere Handelsschule), Hannover 1993, Seite 1 f.
4   vgl. Mertens, Dieter: Schlüsselqualifikationen. In: Mitteilungen aus Arbeitsmarkt und Berufsforschung, Heft 7/1974, S. 36 ff.
5   vgl. Reetz, Lothar/Reitmann, Thomas (Hrsg.): Schlüsselqualifikationen – Fachwissen in der Krise? Hamburg 1990, S. 213 ff.
6   Götschel, Rainer: Handlungsorientierter Gruppenunterricht mit Fallstudien und Leittexten, in: Winklers Flügelstift, Heft 2, Darmstadt 1993, Seite 3
7   vgl. Massing, P.: Lassen sich durch handlungsorientierten Politikunterricht Einsichten in das Politische gewinnen? In: Breit/Schiele (Hrsg.): Handlungsorientierung im Politikunterricht. Bonn 1998, S. 149

3   Umsetzung des neuen Ansatzes

3.1 Anforderungen an handlungsorientierte Unterrichts- materialien

Die aus dem oben beschriebenen Qualifikationsprofil ab- geleiteten Ziele eines schlüsselqualifizierenden kaufmän- nischen Unterrichts erfordern neben einer veränderten Lehrer/-innenrolle angemessene Unterrichtsmaterialien. An die Stelle enzyklopädischer Gesamtwerke müssen in zunehmendem Maße handlungsorientierte Materialien treten.

Solche Materialien sollten

- – ganzheitlich, komplex und fächerübergreifend,
- – problemorientiert und praxisnah sowie
- – zukunftsorientiert

gestaltet sein.

Darüber hinaus sollten handlungsorientierte Unterrichts- materialien insbesondere

- – Partner- und Gruppenarbeit,
- – die Ausweitung des Methodenrepertoires der Lernenden und
- – das Abdecken unterschiedlicher Lernzielni- veaus für einen differenzierten Unterricht

ermöglichen.

Derart konzipierte Lernmaterialien bilden die Basis sich den einschneidenden Veränderungen der Lehrer/-innen- rolle zu stellen. Sie ermöglichen die Reduzierung des Fron- talunterrichts zugunsten der Schüler/-innenselbsttätigkeit. In weiten Teilen des Unterrichts übernimmt die Lehrkraft die Rolle des Moderators/der Moderatorin.

3.2 Umsetzung der Anforderungen an handlungsorien- tierte Unterrichtsmaterialien im Arbeitsheft „Wirt- schaftspolitik/Wirtschaftsordnung"

3.2.1 Aspekt der Ganzheitlichkeit und Komplexität

Das Arbeitsheft ist als Makrosequenz in Form einer Fall- studie gestaltet worden, die die Lerninhalte des Lernge- bietes Wirtschaftspolitik/Wirtschaftsordnung von den Ler- nenden chronologisch und selbstständig erarbeiten lässt. Dabei wird nicht von vielen zusammenhanglosen Einzel- beispielen ausgegangen, sondern die gesamte Fallstudie ist auf eine **komplexe Ausgangssituation** bezogen, die sukzessive weiterentwickelt und vertieft wird. Der Bezug auf die Ausgangssituation wird dabei nie aus den Augen verloren; einzelne Arbeitsschritte dienen stets der Lösung des übergeordneten Gesamtproblems. Eine so angelegte Fallstudie trägt dazu bei, exemplarisch Fähigkeiten zur Lösung ähnlich gelagerter Fälle zu vermitteln und fächerü- bergreifenden Unterricht zu ermöglichen.[1]

3.2.2 Aspekt der Problemorientierung und Praxisnähe

Das Lerngebiet Wirtschaftspolitik/Wirtschaftsordnung wird im Arbeitsheft als politisches Problem der Bundesre-

gierung erfahren, das der dringenden Lösung bedarf. Die Lernenden erfassen aus der Sicht der Bundesregierung wirtschaftspolitische Problemstellungen und erarbeiten selbstständig Lösungsvorschläge.

Die Praxisnähe soll dadurch verstärkt werden, dass die Schülerinnen und Schüler die Rollen der politisch Handeln- den übernehmen und sich deren Aufgabenstellungen zu eigen machen. Insbesondere durch die Methoden Rollen- spiel und Zukunftswerkstatt wird dies ermöglicht.

3.2.3 Aspekt der Zukunftsorientierung

Das Lerngebiet Wirtschaftspolitik/Wirtschaftsordnung ist einem dynamischen Wertewandel unterworfen. Im Zei- chen der Globalisierung der Märkte werden zunehmend arbeitsmarkt- und sozialpolitische Grundsätze neu disku- tiert, ökologische Fragestellungen neu aufgeworfen; nationale Wirtschaftspolitik wird eingebunden in ein europäisches und weltwirtschaftliches Gesamtsystem, was fundamentale Auswirkungen auch auf die Gestaltung der Wirtschaftspolitik hat.

3.2.4 Aspekt der Sozialkompetenz

Das Arbeitsheft sollte zur Förderung der Sozialkompetenz überwiegend in Partner- und/oder Gruppenarbeit bearbei- tet werden. Entscheidungen können als Folge von Grup- penprozessen getroffen und umgesetzt werden. Die Ein- bindung z. B. des Rollenspiels soll dazu beitragen, wirtschaftspolitische Entscheidungsprozesse gemeinsam erfahrbar zu machen.

Die Betonung der Partner- und Gruppenarbeit schließt gewohnte Sozialformen wie den Frontalunterricht nicht aus, gerade in Phasen der Systematisierung und Zusam- menfassung kann ohne weiteres darauf zurückgegriffen werden.

3.2.5 Aspekt der Methodenkompetenz

Die Fallstudie ist so konzipiert worden, dass die Lernenden die wirtschaftspolitischen Inhalte und Zusammenhänge selbstständig erschließen können. Unterschiedliche Aufga- benstellungen motivieren die Lernenden verschiedene Produktions- und Präsentationstechniken zielgerichtet ein- zusetzen. Getroffene Entscheidungen können so anschau- licher diskutiert und kritisch reflektiert werden. Die Ein- bindung des Rollenspiels, eines Hearings sowie der Zukunftswerkstatt erhöhen die Methodenkompetenz.

3.2.6 Aspekt unterschiedlicher Lernzielniveaus

Den individuellen Eingangsvoraussetzungen der Lernen- den entsprechen Aufgabenstellungen mit unterschiedli- chem Schwierigkeitsgrad. Der Einsatz der Materialien kann darüber hinaus durch die Einbindung von Metho- den, wie z. B. einer Expertenbefragung, einer Podiumsdis- kussion, einer Exkursion und des Internets an das Niveau unterschiedlicher Lerngruppen angepasst werden. Das Arbeitsheft sollte dementsprechend kreativ und flexibel eingesetzt werden.

---

1   vgl. Beck, Herbert: Schlüsselqualifikationen – Bildung im Wandel, Darm- stadt 1993, S. 62

Anforderungen an handlungsorientierte Unterrichts-materialien und ihre Umsetzung im Arbeitsheft „WIRTSCHAFTSPOLITIK/WIRTSCHAFTSORDNUNG"

Anforderungen:		Realisation:
☐ ganzheitlich/komplex	➡	Makrosequenz Wirtschaftspolitik/Wirtschaftsordnung in Form einer Fallstudie, die die Lerninhalte chronologisch von den Schülerinnen und Schülern erarbeiten lässt
☐ problemorientiert	➡	Aus der Sicht der Bundesregierung sind von den Lernenden wirtschaftliche Problemstellungen zu erfassen und Lösungsvorschläge selbstständig zu erarbeiten.
☐ Wertewandel	➡	Im Zeichen der Globalisierung der Märkte werden zunehmend arbeitsmarkt- und sozialpolitische Grundsätze neu diskutiert; nationale Wirtschaftspolitik wird eingebunden in ein europäisches und weltwirtschaftliches Gesamtsystem.

Anforderungen an handlungsorientierte Unterrichts-
materialien und ihre Umsetzung im Arbeitsheft
„WIRTSCHAFTSPOLITIK/WIRTSCHAFTSORDNUNG"

Anforderungen: ## Realisation:

☐ Förderung der
   Sozialkompetenz   ⟹   Erarbeitung des Arbeitsheftes in
                                        Partner- und Gruppenarbeit/
                                        Entscheidungsfindung als Folge von
                                        Gruppenprozessen/Einbindung eines
                                        Rollenspiels, um wirtschaftspoliti-
                                        sche Entscheidungsprozesse
                                        erfahrbar zu machen

☐ Förderung der
   Methodenkompetenz   ⟹   Selbstständige Erarbeitung wirt-
                                        schaftspolitischer Inhalte und
                                        Zusammenhänge; zunehmende För-
                                        derung der Präsentations-
                                        kompetenz; Einbindung der Metho-
                                        den „Rollenspiel", „Hearing" und
                                        „Zukunftswerkstatt"

☐ Abdeckung unter-
   schiedlicher Lernziel-   ⟹   Einbindungsmöglichkeiten zusätz-
   niveaus für einen   licher Aktionsformen (z. B. Experten-
   differenzierten Unterricht/   befragung/Podiumsdiskussion, Ex-
   Flexibler Einsatz der Mate-   kursion, Nutzung des Internets)
   rialien in unterschiedlichen
   Lerngruppen

Die vorliegenden Kopiervorlagen stellen ein zusätzliches Angebot an Lehrmaterialien dar, die eine weitere Differenzierung des Lehr-/Lernprozesses ermöglichen. Die Lehr-/Lerngerüste können sowohl zur Reflexion als auch zur Leistungsdifferenzierung in den Unterricht eingebracht werden.

Verzeichnis der Kopiervorlagen

Nr.	Kopiervorlage	Seite im Lehrerband	Thematische Zuordnung (Seiten im Schülerheft)
1	Wirtschaftskreislauf	25	S. 10 ff.
2	Ursachen der Arbeitslosigkeit	26	S. 13
3	Ziele der Wirtschaftspolitik und ihre Messgrößen	27	S. 14, 29
4	Vom quantitativen zum qualitativen Wirtschaftswachstum	28	S. 14, 27 ff.
5	Zahlungsbilanz und ihre Teilbilanzen	29	S. 16 ff.
6	Investitionen und Bruttoinlandsprodukt	30	S. 21
7	Jahresgutachten und Jahreswirtschaftsbericht: Entscheidungsgrundlagen staatlicher Wirtschaftspolitik	31	S. 27 ff.
8	Ziele und Zielkonflikte der staatlichen Wirtschaftspolitik	32	S. 27 ff.
9	Erläuterungen zu den Beziehungen der Ziele staatlicher Wirtschaftspolitik	33	S. 27 ff.
10	Bausteine der Sozialen Marktwirtschaft	34	S. 33 ff., 64 f.
11	Wirtschaftspolitische Maßnahmen des Staates in der Sozialen Marktwirtschaft	35	S. 33 ff., 64 f.
12	Funktionen staatlicher Wettbewerbspolitik	36	S. 33 ff., 64 f.
13	Angebots- und Nachfrageorientierung als Grundkonzeptionen staatlicher Wirtschaftspolitik	37	S. 33 ff., 49, 55 f.
14	Arbeitszeitmodelle: ein Beitrag zur Arbeitsmarktpolitik?	38	S. 34 ff.
15	Zielsetzung und Maßnahmen einer ökologischen Steuerreform	39	S. 40 ff.
16	Chancen und Risiken der Globalisierung	40	S. 46 ff.
17	Geldpolitische Instrumente der Europäischen Zentralbank (EZB)	41	S. 50 ff.
18	Offenmarktgeschäfte als geldpolitische Instrumente der EZB	42	S. 50 ff.

Wirtschaftskreislauf

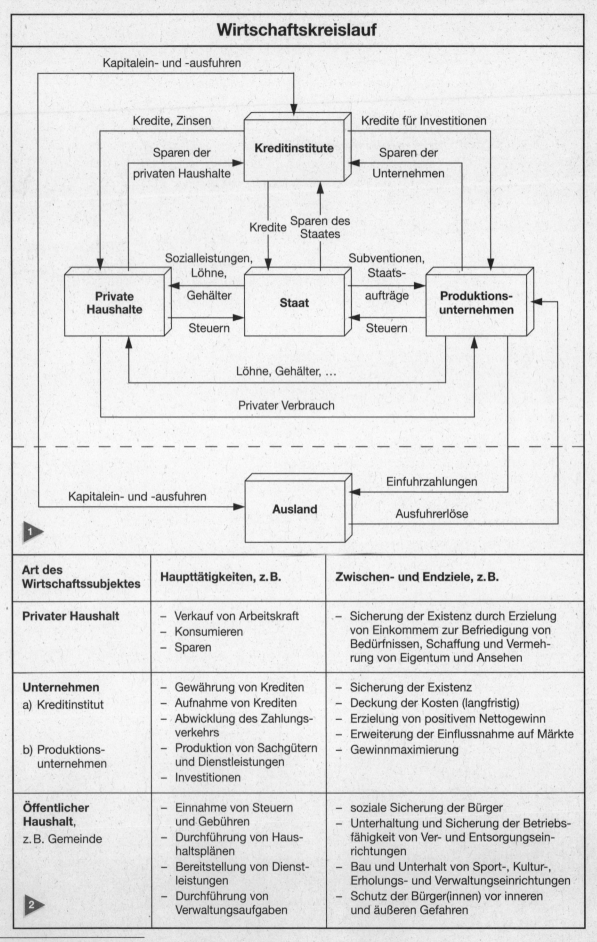

Kapitalein- und -ausfuhren

Kredite, Zinsen

Kreditinstitute

Kredite für Investitionen

Sparen der privaten Haushalte

Sparen der Unternehmen

Kredite Sparen des Staates

Sozialleistungen, Löhne, Gehälter

Subventionen, Staatsaufträge

Private Haushalte

Staat

Produktionsunternehmen

Steuern

Steuern

Löhne, Gehälter, …

Privater Verbrauch

Kapitalein- und -ausfuhren

Einfuhrzahlungen

Ausland

Ausfuhrerlöse

1

Art des Wirtschaftssubjektes	Haupttätigkeiten, z. B.	Zwischen- und Endziele, z. B.
Privater Haushalt	– Verkauf von Arbeitskraft – Konsumieren – Sparen	– Sicherung der Existenz durch Erzielung von Einkommem zur Befriedigung von Bedürfnissen, Schaffung und Vermehrung von Eigentum und Ansehen

Unternehmen
a) Kreditinstitut
 	
b) Produktions-
unternehmen
	– Gewährung von Krediten
	– Aufnahme von Krediten
	– Abwicklung des Zahlungs-
	  verkehrs
	– Produktion von Sachgütern
	  und Dienstleistungen
	– Investitionen
		– Sicherung der Existenz
		– Deckung der Kosten (langfristig)
		– Erzielung von positivem Nettogewinn
		– Erweiterung der Einflussnahme auf Märkte
		– Gewinnmaximierung

Öffentlicher Haushalt,
z. B. Gemeinde
	– Einnahme von Steuern
	  und Gebühren
	– Durchführung von Haus-
	  haltsplänen
	– Bereitstellung von Dienst-
	  leistungen
	– Durchführung von
	  Verwaltungsaufgaben
		– soziale Sicherung der Bürger
		– Unterhaltung und Sicherung der Betriebs-
		  fähigkeit von Ver- und Entsorgungsein-
		  richtungen
		– Bau und Unterhalt von Sport-, Kultur-,
		  Erholungs- und Verwaltungseinrichtungen
		– Schutz der Bürger(innen) vor inneren
		  und äußeren Gefahren

2

1 Nach: Bundesverband deutscher Banken (Hrsg.): Schul/Bank Wirtschaft. Materialien für den Unterricht. Köln 1998

2 Nach: Herber, Hans/Engel, Bernd: Volkswirtschaftslehre für Bankkaufleute 6., neubearb. Aufl., Wiesbaden 1994, S. 3 f.

Ursachen der Arbeitslosigkeit

Saisonale Nachfrageschwankungen

z. B. schlechte Witterungsbedingungen in der Bauindustrie oder der Landwirtschaft

Konjunkturelle Schwankungen

z. B. durch eine allgemeine Abschwächung der Wirtschaftstätigkeit

Sektorale Veränderungen der Wirtschaftsstruktur

z. B. durch das Schrumpfen einzelner Wirtschaftszweige wie der Textilindustrie (sekundärer Sektor) bzw. durch das Wachsen von neuen Wirtschaftszweigen wie der Multimedia-Branche (tertiärer Sektor)

Wechsel des Arbeitsverhältnisses

z. B. wenn aus organisatorischen Gründen ein Arbeitsverhältnis nicht nahtlos in ein neues übergeht

Globalisierungsdruck

z. B. Arbeitsplatzabbau im Inland durch notwendige Verbesserung der Kostenstruktur der Unternehmen

Unzureichende Qualifikation eines Teils der Erwerbstätigen

z. B. bei mangelnder Fortbildungsbereitschaft oder -fähigkeit

Überregulierung des Arbeitsmarktes

z. B. durch zu geringe Flexibilität des Tarifvertragssystems

Ziele der Wirtschaftspolitik und ihre Messgrößen

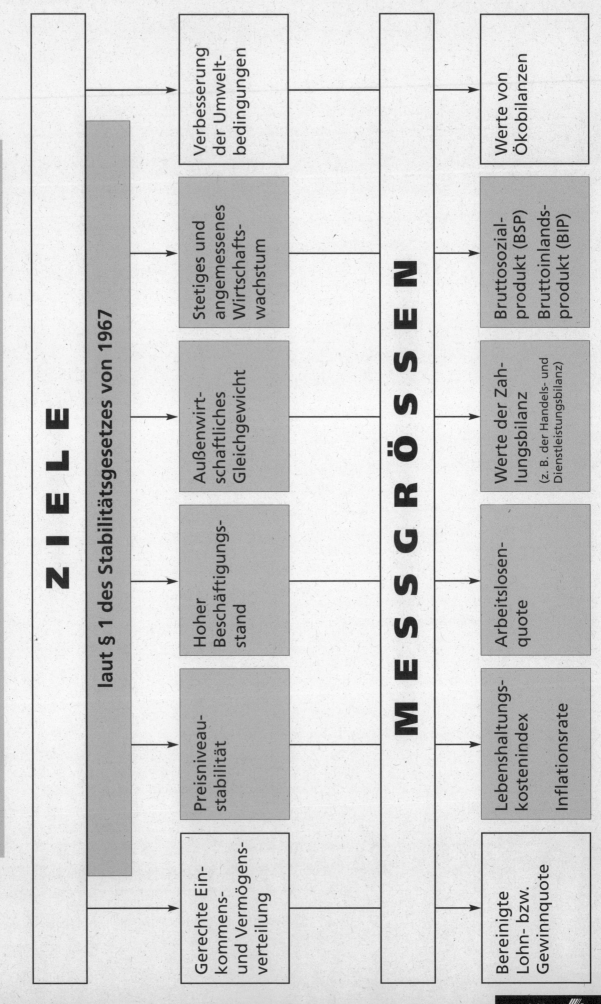

Z I E L E

laut § 1 des Stabilitätsgesetzes von 1967

- Verbesserung der Umweltbedingungen
- Stetiges und angemessenes Wirtschaftswachstum
- Außenwirtschaftliches Gleichgewicht
- Hoher Beschäftigungsstand
- Preisniveaustabilität
- Gerechte Einkommens- und Vermögensverteilung

M E S S G R Ö S S E N

- Werte von Ökobilanzen
- Bruttosozialprodukt (BSP) Bruttoinlandsprodukt (BIP)
- Werte der Zahlungsbilanz (z. B. der Handels- und Dienstleistungsbilanz)
- Arbeitslosenquote
- Lebenshaltungskostenindex Inflationsrate
- Bereinigte Lohn- bzw. Gewinnquote

winklers verlag ®

Vom quantitativen zum qualitativen Wirtschaftswachstum

Quantitatives Wachstum als wirtschaftspolitisches Ziel

Die Steigerung der Produktion von Gütern und Dienstleistungen soll Arbeitsplätze, Einkommen und damit materiellen Wohlstand schaffen und sichern.

Kritik an der Theorie des quantitativen Wachstums

→ Die Ressourcen (Rohstoffe) verknappen zunehmend durch immer umfangreichere Produktions- und Konsumprozesse.

→ Die Umwelt wird durch immer umfangreichere Produktions- und Konsumprozesse belastet.

→ Das BSP/BIP als Wohlstandsmaßstab beinhaltet auch den Zuwachs an Produkten und Dienstleistungen infolge von Unglücken, Krankheit und Tod.

→ Das quantitative Wachstum sichert nicht automatisch Arbeitsplätze, da es häufig einhergeht mit Entlassungen im Rahmen von Rationalisierungsmaßnahmen zur Steigerung der Produktivität.

Forderungen

. . . nach mehr qualitativem Wachstum

Steigerung der Lebensqualität durch Umverteilung der Wachstumsbereiche: mehr Wachstum in den Bereichen zur Förderung der Lebensqualität – weniger Wachstum in den Bereichen, die zu einer Einschränkung der Lebensqualität führen können.

. . . nach neuen Wohlstandsindikatoren

Aufstellung von Messgrößen, die Wohlstand als Lebensqualität besser erfassen können: z. B. *Sozialindikatoren* wie Gesundheit, Bildung, Freizeit, Arbeitszufriedenheit oder *Umweltindikatoren* wie Luftreinheit, Wasserqualität, Schadstoffbelastung.

Zahlungsbilanz und ihre Teilbilanzen

Zahlungsbilanz

erfasst alle außenwirtschaftlichen Transaktionen durch die Gegenüberstellung sämtlicher Zahlungsforderungen und Zahlungsverpflichtungen eines Landes gegenüber dem Ausland innerhalb eines Jahres.

Die Zahlungsbilanz gliedert sich in **Teilbilanzen:**

Leistungsbilanz

- **Handelsbilanz:**
  erfasst Warenein- und -ausfuhr;
- **Dienstleistungsbilanz:**
  erfasst die Exporte und Importe von Dienstleistungen;
- **Bilanz der Erwerbs- und Vermögenseinkommen:**
  erfasst Einkommen aus grenzüberschreitender Erwerbstätigkeit oder Vermögensanlage;
- **Bilanz der laufenden Übertragungen:**
  erfasst Überweisungen ausländischer Arbeitnehmer/-innen in ihre Heimat, Zahlungen an internationale Organisationen und Entwicklungshilfe.

Vermögensbilanz

erfasst grenzüberschreitende Schenkungen, Erbschaften usw.

Kapitalbilanz

erfasst alle Kreditbeziehungen zwischen In- und Ausland, die im Zusammenhang mit der Finanzierung von Ein- und Ausfuhren, Übertragungen usw. entstehen.

Devisenbilanz

erfasst die Zu- oder Abnahme des Devisenbestandes der Bundesbank.

Ausprägungen der Zahlungsbilanz

Aktive Zahlungsbilanz (+)	Passive Zahlungsbilanz (–)
Zahlungsforderungen gegenüber dem Ausland sind *größer* als die Zahlungsverpflichtungen.	Zahlungsforderungen gegenüber dem Ausland sind *kleiner* als die Zahlungsverpflichtungen.

Investitionen und Bruttoinlandsprodukt

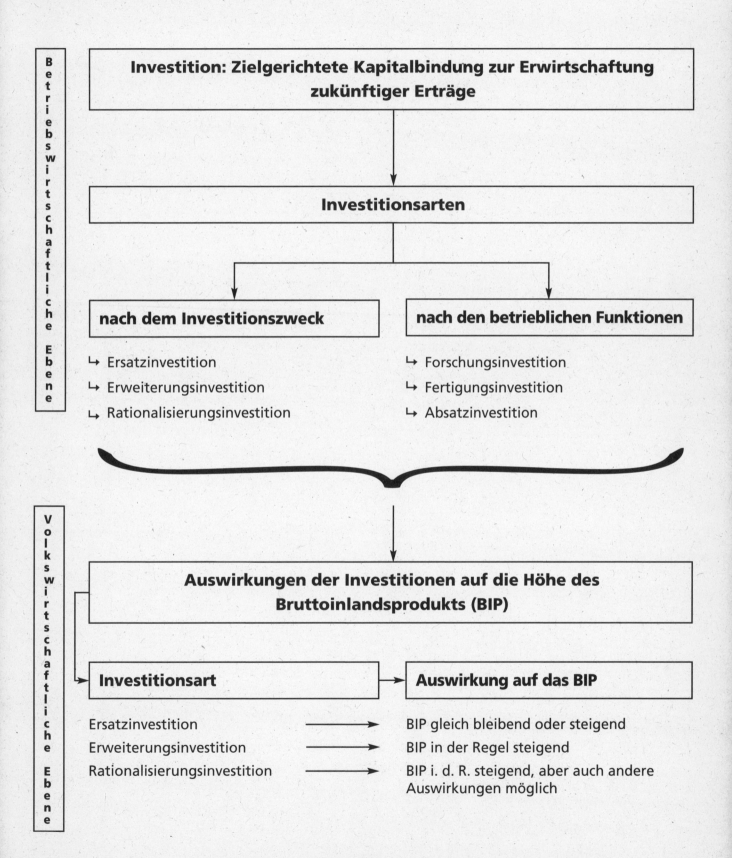

Betriebswirtschaftliche Ebene

Investition: Zielgerichtete Kapitalbindung zur Erwirtschaftung zukünftiger Erträge

Investitionsarten

nach dem Investitionszweck

↳ Ersatzinvestition
↳ Erweiterungsinvestition
↳ Rationalisierungsinvestition

nach den betrieblichen Funktionen

↳ Forschungsinvestition
↳ Fertigungsinvestition
↳ Absatzinvestition

Volkswirtschaftliche Ebene

Auswirkungen der Investitionen auf die Höhe des Bruttoinlandsprodukts (BIP)

Investitionsart → **Auswirkung auf das BIP**

Ersatzinvestition → BIP gleich bleibend oder steigend
Erweiterungsinvestition → BIP in der Regel steigend
Rationalisierungsinvestition → BIP i. d. R. steigend, aber auch andere Auswirkungen möglich

Jahresgutachten und Jahreswirtschaftsbericht: Entscheidungsgrundlagen staatlicher Wirtschaftspolitik

Sachverständigenrat

(SVR = die so genannten „fünf Weisen")

erstellt
(jährlich bis zum 15. Nov.)

Jahresgutachten

Inhalt:

→ Begutachtung der gesamtwirtschaftlichen Lage und deren absehbare Entwicklung durch unabhängige Sachverständige

→ Aufzeigen möglicher wirtschaftspolitischer Maßnahmen ohne bestimmte wirtschaftspolitische Maßnahmen zu empfehlen

Rechtsquelle:

Gesetz über die Bildung eines Sachverständigenrates zur Begutachtung der gesamtwirtschaftlichen Entwicklung

Bundesregierung

nimmt Stellung zum Jahresgutachten
(bis zum 31. Jan.)
im

Jahreswirtschaftsbericht

Inhalt:

→ Darlegung der angestrebten wirtschafts- und finanzpolitischen Ziele (Jahresprojektion)

→ Darlegung der für das laufende Jahr geplanten Wirtschafts- und Finanzpolitik

Rechtsquelle:

Gesetz zur Förderung der Stabilität und des Wachstums der Wirtschaft

geht ein in

- **Haushaltsplan der Bundesregierung**
- **Mittelfristige Finanzplanung (Mifrifi)**

Öffentlichkeit

Ziele und Zielkonflikte der staatlichen Wirtschaftspolitik

Zielbeziehungen:

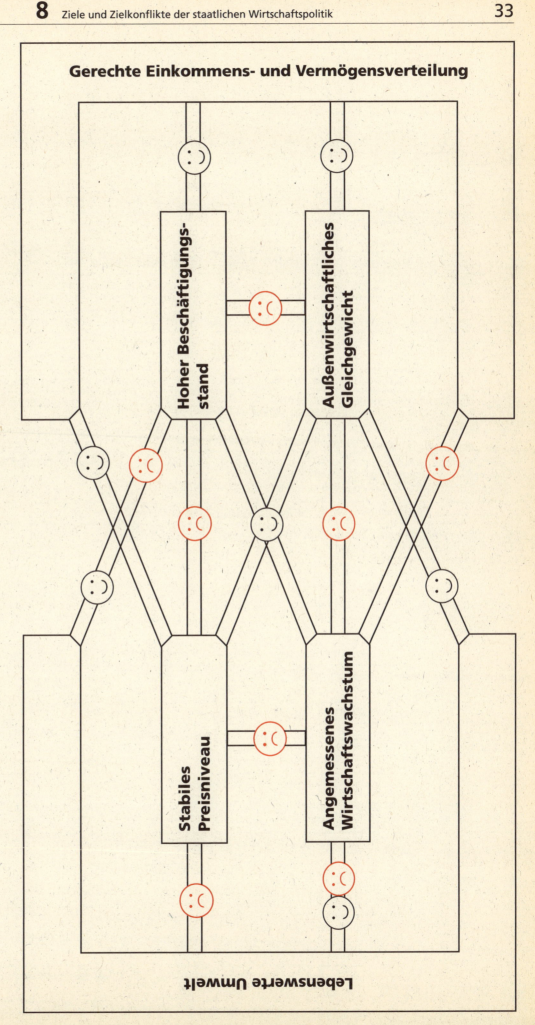

Erläuterungen zu den Beziehungen der Ziele staatlicher Wirtschaftspolitik

Angemessenes Wirtschaftswachstum/Stabiles Preisniveau

Ein erhöhtes Wirtschaftswachstum kann durch eine verstärkte Gesamtnachfrage gegenüber dem gesamtwirtschaftlichen Angebot ein erhöhtes Preisniveau verursachen (Zielkonflikt).

Angemessenes Wirtschaftswachstum/Hoher Beschäftigungsstand

Ein erhöhtes Wirtschaftswachstum hat z. B. durch größere Produktionskapazitäten eine steigende Beschäftigung zur Folge (Zielharmonie).

Angemessenes Wirtschaftswachstum/Außenwirtschaftliches Gleichgewicht

Maßnahmen zur Stärkung des Wirtschaftswachstums (z. B. Steuervergünstigungen, Subventionen) sind nicht immer geeignet gleichzeitig ein außenwirtschaftliches Gleichgewicht zu sichern, weil hierdurch ein Exportüberhang entstehen kann (eher Zielkonflikt).

Angemessenes Wirtschaftswachstum/Gerechte Einkommens- und Vermögensverteilung

Ein erhöhtes Wirtschaftswachstum wird durch ein leistungsorientiertes Steuersystem begünstigt, während eine gerechtere Einkommens- und Vermögensverteilung eher mithilfe eines sozialorientierten Steuersystems erreicht wird (eher Zielkonflikt).

Stabiles Preisniveau/Gerechte Einkommens- und Vermögensverteilung

Stabile Preise sind eher dazu geeignet, ein Auseinanderklaffen der Einkommensschere zu verhindern und unterstützen damit eine gerechtere Einkommens- und Vermögensverteilung (Zielharmonie).

Stabiles Preisniveau/Außenwirtschaftliches Gleichgewicht

Maßnahmen zur Sicherung eines stabilen Preisniveaus (z. B. Eindämmung der staatlichen Nachfrage) müssen nicht zu gravierenden Angebots- bzw. Nachfrageverschiebungen im Im- und Export führen; die Zielvorstellung eines außenwirtschaftlichen Gleichgewichts wird dadurch nicht zwangsläufig beeinträchtigt (Zielharmonie).

Hoher Beschäftigungsstand/Stabiles Preisniveau

Ein hoher Beschäftigungsstand kann durch einen entsprechenden Anstieg der Einkommen über eine erhöhte gesamtwirtschaftliche Nachfrage zu Preiserhöhungen führen. Die erhöhten Preise sind außerdem eine Folge der Verteuerung des Produktionsfaktors Arbeit (Zielkonflikt).

Hoher Beschäftigungsstand/Gerechte Einkommens- und Vermögensverteilung

Ein hoher Beschäftigungsstand führt auf der Nachfrageseite zu einem höheren Einkommen für alle Wirtschaftssubjekte. Damit steigt auch der Spielraum für den Staat, durch gezielte Maßnahmen (z. B. durch eine entsprechende Steuerpolitik) eine gerechtere Einkommens- und Vermögensverteilung zu verwirklichen (eher Zielharmonie).

Hoher Beschäftigungsstand/Außenwirtschaftliches Gleichgewicht

Eine hohe Beschäftigung wird häufig durch Maßnahmen verfolgt, die in der Regel die Exporte begünstigen, wodurch ein außenwirtschaftliches Gleichgewicht gefährdet sein könnte (eher Zielkonflikt).

Außenwirtschaftliches Gleichgewicht/Gerechte Einkommens- und Vermögensverteilung

Maßnahmen zur Erreichung eines außenwirtschaftlichen Gleichgewichts (z. B. Veränderung der Zoll- und Steuersätze) stehen nicht unbedingt in Konflikt mit Maßnahmen zur Erreichung einer gerechten Einkommens- und Vermögensverteilung, wie z. B. die Förderung eines sozialorientierten Steuersystems (Zielharmonie).

Lebenswerte Umwelt/Hoher Beschäftigungsstand

Staatliche Investitionsförderung im Umweltschutzsektor können entsprechende Arbeitsplätze schaffen (Zielharmonie). Hohe Umweltschutzauflagen führen häufig zu Produktionsverlagerungen ins Ausland und damit zum Export von Arbeitsplätzen (Zielkonflikt).

Lebenswerte Umwelt/Stabiles Preisniveau

Staatliche Umweltschutzauflagen können beim Hersteller die Produktionskosten erhöhen, wodurch das Preisniveau steigen kann (eher Zielkonflikt).

Lebenswerte Umwelt/Angemessenes Wirtschaftswachstum

Staatliche Investitionsförderung im Umweltschutzsektor führt in den entsprechenden Branchen zu Wirtschaftswachstum (Zielharmonie). Hohe staatliche Umweltschutzauflagen können sowohl in Produktions- als auch in Dienstleistungsbetrieben zur Eindämmung wirtschaftlicher Aktivitäten führen (Zielkonflikt).

Lebenswerte Umwelt/Außenwirtschaftliches Gleichgewicht

Sowohl die Förderung von Umweltschutzinvestitionen als auch staatliche Umweltschutzauflagen stehen wirtschaftspolitischen Maßnahmen zur Gewährleistung eines außenwirtschaftlichen Gleichgewichts nicht prinzipiell entgegen (Zielharmonie).

Wettbewerbspolitik in der Sozialen Marktwirtschaft

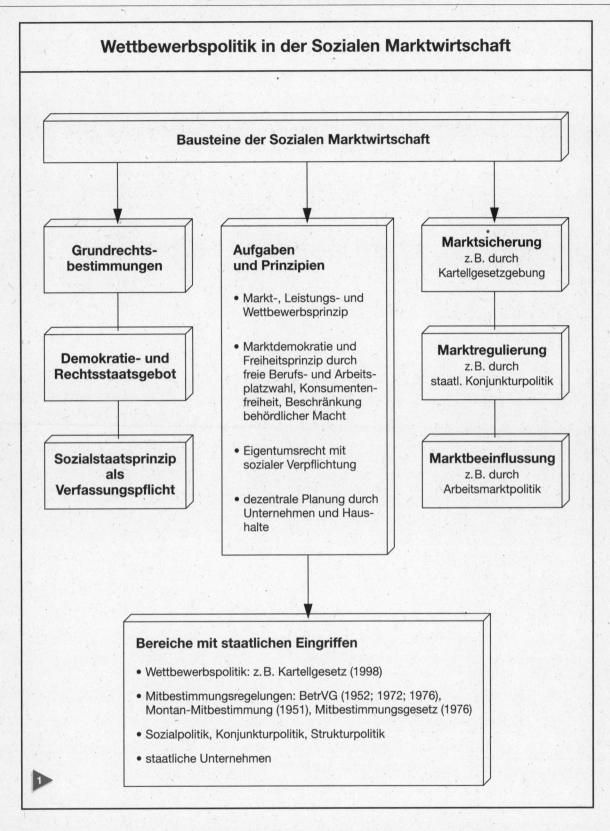

Bausteine der Sozialen Marktwirtschaft

Grundrechts-bestimmungen

Demokratie- und Rechtsstaatsgebot

Sozialstaatsprinzip als Verfassungspflicht

Aufgaben und Prinzipien

- Markt-, Leistungs- und Wettbewerbsprinzip

- Marktdemokratie und Freiheitsprinzip durch freie Berufs- und Arbeits-platzwahl, Konsumenten-freiheit, Beschränkung behördlicher Macht

- Eigentumsrecht mit sozialer Verpflichtung

- dezentrale Planung durch Unternehmen und Haus-halte

Marktsicherung z.B. durch Kartellgesetzgebung

Marktregulierung z.B. durch staatl. Konjunkturpolitik

Marktbeeinflussung z.B. durch Arbeitsmarktpolitik

Bereiche mit staatlichen Eingriffen

- Wettbewerbspolitik: z.B. Kartellgesetz (1998)

- Mitbestimmungsregelungen: BetrVG (1952; 1972; 1976), Montan-Mitbestimmung (1951), Mitbestimmungsgesetz (1976)

- Sozialpolitik, Konjunkturpolitik, Strukturpolitik

- staatliche Unternehmen

1 Aus: Bundesverband deutscher Banken (Hrsg.): Schul/Bank Wirtschaft. Materialien für den Unterricht. Köln 1998

 winklers verlag

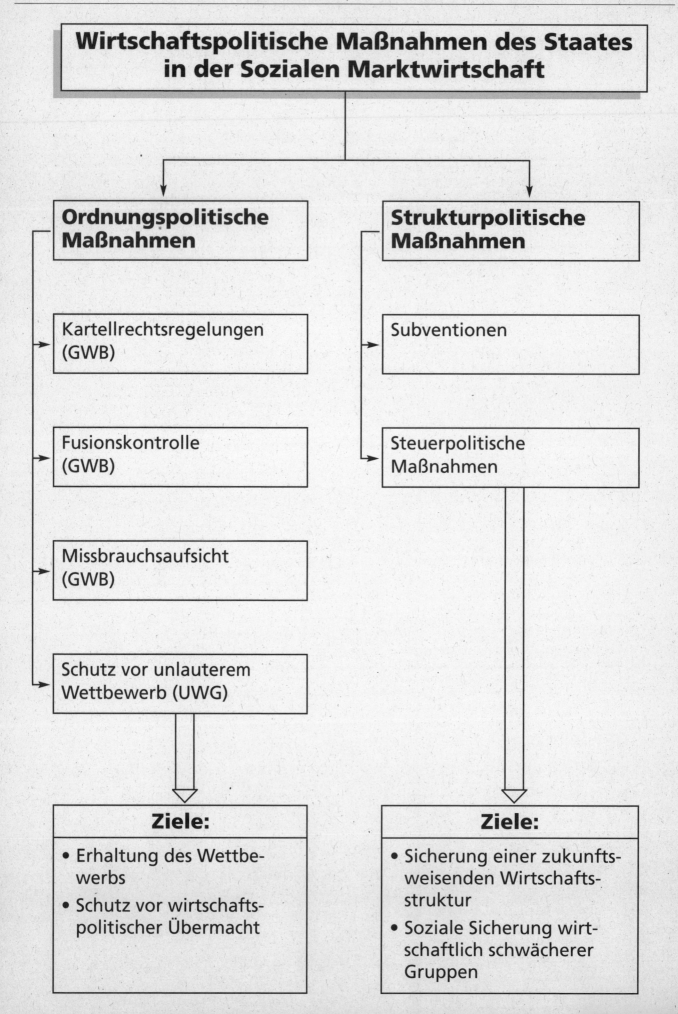

Wirtschaftspolitische Maßnahmen des Staates in der Sozialen Marktwirtschaft

Ordnungspolitische Maßnahmen

- Kartellrechtsregelungen (GWB)
- Fusionskontrolle (GWB)
- Missbrauchsaufsicht (GWB)
- Schutz vor unlauterem Wettbewerb (UWG)

Strukturpolitische Maßnahmen

- Subventionen
- Steuerpolitische Maßnahmen

Ziele:
- Erhaltung des Wettbewerbs
- Schutz vor wirtschaftspolitischer Übermacht

Ziele:
- Sicherung einer zukunftsweisenden Wirtschaftsstruktur
- Soziale Sicherung wirtschaftlich schwächerer Gruppen

winklers verlag

Funktionen staatlicher Wettbewerbspolitik

Leistungsfunktion

Ökonomischer Einsatz der volkswirtschaftlichen Produktionsfaktoren

Innovationsfunktion

Bereitstellung innovativer Güter und Dienstleistungen

Verteilungsfunktion

Verwirklichung einer leistungsgerechten Einkommensverteilung

Freiheitsfunktion

Gewährleistung ökonomischen Handlungsspielraums für alle Wirtschaftssubjekte im Rahmen der wettbewerbspolitischen Grenzen

Versorgungsfunktion

Sicherung einer optimalen Marktversorgung durch das marktwirtschaftliche Wirken von Angebot und Nachfrage

Angebots- und Nachfrageorientierung als Grundkonzeptionen staatlicher Wirtschaftspolitik

Angebotsorientierte Wirschaftspolitik

Grundannahme:

Verbesserung der gesamtwirtschaftlichen Angebotsbedingungen (Effizientere Kostenstruktur) führt zum Angebot kostengünstigerer Produkte, das die Wettbewerbsfähigkeit (z. B. gegenüber dem Ausland) verstärkt und damit langfristig das Wirtschaftswachstum erhöht

Wirtschaftspolitische Maßnahmen:

- Schaffung von rechtlichen Rahmenbedingungen, die zu Kosteneinsparungen in Unternehmen führen (z. B. Senkung von Lohnnebenkosten)

- Einschränkung der staatlichen Nachfrage

- Abbau staatlicher Subventionen

- Abbau des staatlichen Einflusses auf die Konjunkturpolitik, um langfristig Marktkräfte zu stärken

Nachfrageorientierte Wirtschaftspolitik

Grundannahme:

Stärkung der gesamtwirtschaftlichen Nachfrage führt zur Ankurbelung der Produktion und damit zur Erhöhung des Wirtschaftswachstums

Wirtschaftspolitische Maßnahmen:

- Stärkung der Massenkaufkraft durch Erhöhung von Löhnen und Gehältern

- Erhöhung der staatlichen Nachfrage (z. B. durch gezielten Einsatz von speziellen Ausgaben- bzw. Beschäftigungsprogrammen)

- Verstärkter Einsatz staatlicher Subventionen

- Antizyklische Konjunkturpolitik, um die Intensität der einzelnen Konjunkturausschläge abzumildern

Wirtschaftspolitik der Zukunft?

Verbindung von angebots- und nachfrageorientierter Wirtschaftspolitik

Arbeitszeitmodelle:
ein Beitrag zur Arbeitsmarktpolitik?

Altersteilzeit
Ab dem 55. Lebensjahr können vollzeitbeschäftigte Arbeitnehmerinnen und Arbeitnehmer (AN) in Altersteilzeit gehen, das heißt auf eine halbe Stelle wechseln, wobei z. B. 70% des Vollzeitentgeltes weitergezahlt werden. Der Rentenanspruch reduziert sich (z. B. um 10%).

Gleitende Altersruhe
AN „hamstern" auf einem Langzeitarbeitskonto Arbeitsstunden, die im Alter langsam abgebaut werden können. Der Rentenanspruch vermindert sich dabei nicht.

Bandbreitenmodell
Die AN können ihre vertragliche Arbeitszeit z. B. für ein Jahr innerhalb einer Bandbreite (z. B. zwischen 15 und 40 Wochenstunden) festlegen. Das Entgelt vermindert oder erhöht sich entsprechend.

Jahresarbeitszeit
Die Wochenarbeitszeit variiert zwar im Jahresverlauf, wird aber auf eine festgelegte Jahresarbeitszeit bezogen, sodass das Entgelt monatlich gleich bleibt.

Gleitzeit
Neben einer betrieblich festgelegten täglichen Kernzeit bestimmen die AN ihre Arbeitszeit nach persönlichen Bedürfnissen selbst oder sie wird der Auftragslage angepasst. Dabei wird ein Monatsarbeitszeitkonto mit Minus- und Plusstunden geführt.

Arbeit auf Abruf
In Abhängigkeit von der Auftragslage werden die AN von ihrem Unternehmen benachrichtigt und aufgefordert ihre Arbeit aufzunehmen.

Rollierende Wochenarbeit
Die AN haben z. B. einen rollierenden freien Tag pro Arbeitswoche. Für das Unternehmen bedeutet dies trotzdem eine 5-Tage-Woche.

Turnusteilzeit
Die AN arbeiten nach festgelegten Arbeitszeitrhythmen, z. B. wöchentlich wechselnd von montags bis mittwochs bzw. mittwochs bis freitags.

4-Tage-Woche
Die Arbeitszeit wird gegenüber der Normalarbeitswoche um einen Tag gekürzt, wobei die AN auf einen auszuhandelnden Teil des Entgelts verzichten.

Sabbatical
Die AN verzichten trotz Vollzeitarbeit auf einen Teil des Jahresentgeltes (z. B. ein Zwölftel). Dadurch entsteht ein zusätzlicher Urlaubsanspruch pro Jahr (z. B. ein Monat), der aber erst nach einer Ansparzeit als „Langzeiturlaub" abgegolten wird.

Jobsharing
Zwei oder mehrere AN teilen sich einen Arbeitsplatz. Dabei legen sie die Dauer und Lage ihrer Arbeitszeiten in Absprache fest.

 winklers verlag

Zielsetzung und Maßnahmen einer ökologischen Steuerreform

Ökologische Steuerreform

Einbeziehung ökologischer Elemente in das Steuersystem durch Besteuerung des Verbrauchs von Umweltressourcen bei gleichzeitiger Verbilligung des Produktionsfaktors Arbeit

Ziel

Schonung der Umwelt bei gleichzeitigem Abbau der Arbeitslosigkeit

Mögliche Maßnahmen

– Belastung energieintensiver Branchen

– Verminderung von Lohnnebenkosten (z. B. durch Absenkung der Sozialversicherungs-beiträge)

– Förderung technischer Innovationen zum Schutz der Umwelt (z. B. Subventionierung der Solartechnologie)

Argumente der Befürworter:

– Beschleunigung eines notwendigen wirtschaftlichen Strukturwandels durch Verteuerung des Verbrauchs von Umweltgütern

– Doppelter Nutzen durch Schonung von Ressourcen und Umwelt sowie Entlastung des Produktionsfaktors Arbeit bzw. Abbau von Arbeitslosigkeit

Argumente der Gegner:

– Wettbewerbsnachteile deutscher Unternehmen wegen fehlender internationaler Harmonisierung von Öko-Steuersätzen

– Verstoß gegen das Verfassungsprinzip einer leistungsabhängigen Besteuerung

Chancen und Risiken der Globalisierung

Globalisierung:

Verstärkung der internationalen Arbeitsteilung zu einer zunehmend verflochtenen, mittlerweile fast grenzenlosen mobilen Weltwirtschaft

Ursachen:

- neue Kommunikationstechnologien (z. B. Internet) ermöglichen einen weltumspannenden Austausch von Waren, Dienstleistungen, Kapital und Arbeit
- technisches Know-how und unternehmerisches Wissen können weltweit transferiert werden
- fehlendes Kapital kann in unterentwickelten Regionen durch Investitionen ausländischer Unternehmen ausgeglichen werden
- ausgefeilte Produktionstechnologien und hohe Produktqualität sind immer weniger standortgebunden

Chancen:

- Nutzung von Kostenvorteilen in allen Wirtschaftsbereichen
- Anschluss unterentwickelter Regionen an weltwirtschaftliche Standards durch verstärkte Konkurrenzbeziehungen im Welthandel
- Zunahme kultureller Akzeptanz der unterschiedlichen Weltregionen
- Abbau der Gefahr von Kriegen durch zunehmende weltwirtschaftliche Abhängigkeiten

Risiken:

- Bedrohung historisch gewachsener Sozialstandards (z. B. Sozialversicherung) durch den zunehmenden Globalisierungsdruck
- Verschlechterung der Umweltbedingungen durch eine verstärkte Wirtschaftstätigkeit
- Machtverlust von Nationalstaaten zugunsten von weltweit operierenden Konzernen ("Global-Players")
- Gefahr einer ruinösen Konkurrenz zwischen den einzelnen Wirtschaftsregionen ("Globalisierungsfalle")

Geldpolitische Instrumente der Europäischen Zentralbank (EZB)

Offenmarktgeschäfte

Kauf oder Verkauf von Wertpapieren oder Einräumung von Krediten gegen Verpfändung von entsprechenden Sicherheiten

Hauptrefinanzie-rungsinstrument	Längerfristige Refi-nanzierungs-geschäfte	Feinsteuerungs-operationen	Strukturelle Opera-tionen
• Laufzeit: 2 Wochen • Rhythmus: wöchentlich (Mengen- oder Zinstender)	• Laufzeit: 3 Monate • Rhythmus: monatlich (Mengen- oder Zinstender)	• Laufzeit: i. d. R. nicht standardisiert • Rhythmus: unregelmäßig	• Laufzeit: i. d. R. nicht standardisiert • Rhythmus: i. d. R. unregel-mäßig

Ständige Fazilitäten

Kreditmöglichkeiten, die bei Bedarf von den Kreditinstituten in Anspruch genommen werden können

Spitzenrefinanzierungsfazilität	Einlagefazilität
Beschaffung von Geld „über Nacht" durch die Kreditinstitute	Anlage von Geld „über Nacht" durch die Kreditinstitute bei den nationalen Zentralbanken
Zinssatz: Obergrenze des Tagesgeldzinssatzes	Zinssatz: Untergrenze des Tagesgeldzinssatzes

Mindestreservesystem

Die Kreditinstitute werden verpflichtet einen bestimmten Prozentsatz ihrer Verbindlichkeiten als Guthaben auf dem Konto der nationalen Zentralbank zu unterhalten.

Offenmarktgeschäfte als geldpolitische Instrumente der EZB

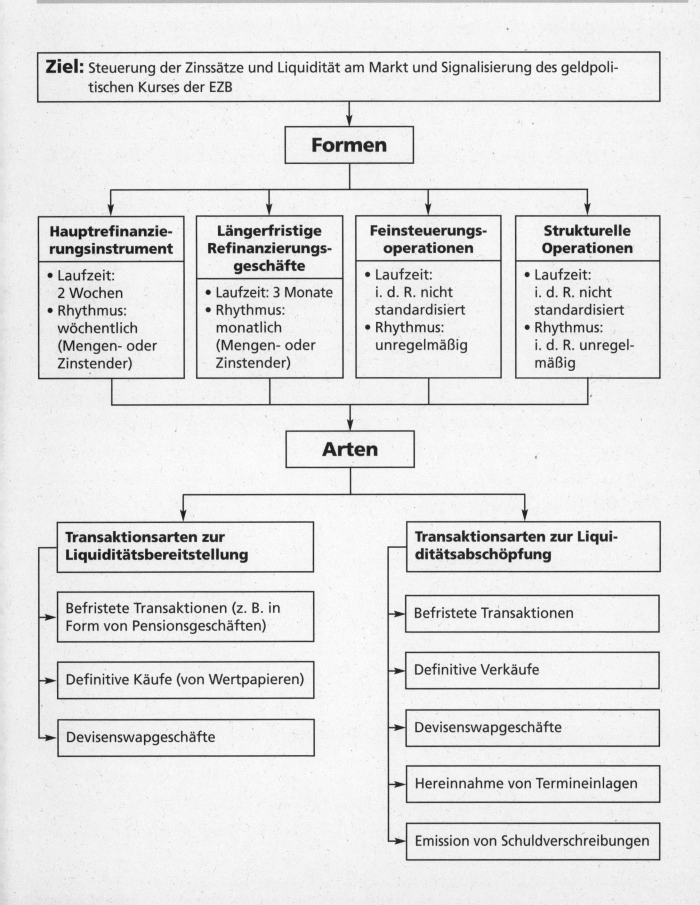

Ziel: Steuerung der Zinssätze und Liquidität am Markt und Signalisierung des geldpolitischen Kurses der EZB

Formen

Hauptrefinanzierungsinstrument	Längerfristige Refinanzierungsgeschäfte	Feinsteuerungsoperationen	Strukturelle Operationen
• Laufzeit: 2 Wochen • Rhythmus: wöchentlich (Mengen- oder Zinstender)	• Laufzeit: 3 Monate • Rhythmus: monatlich (Mengen- oder Zinstender)	• Laufzeit: i. d. R. nicht standardisiert • Rhythmus: unregelmäßig	• Laufzeit: i. d. R. nicht standardisiert • Rhythmus: i. d. R. unregelmäßig

Arten

Transaktionsarten zur Liquiditätsbereitstellung

- Befristete Transaktionen (z. B. in Form von Pensionsgeschäften)
- Definitive Käufe (von Wertpapieren)
- Devisenswapgeschäfte

Transaktionsarten zur Liquiditätsabschöpfung

- Befristete Transaktionen
- Definitive Verkäufe
- Devisenswapgeschäfte
- Hereinnahme von Termineinlagen
- Emission von Schuldverschreibungen

3. Teil: Methodisches Basiswissen

3.1   Rollenspiel

Dimensionen des Rollenspiels[1]

Rollenspieler	– imaginäre Person
	– reale Person
	a) außerhalb der Lerngruppe
	b) innerhalb der Lerngruppe
	– eigene Person
Situation	– einfach , Person-zu-Person / komplex
	– bekannt / neu
	– detailliert / umrisshaft
	– kurz / lang
Lernen	– aus erster Hand (teilnehmend)/ aus zweiter Hand (beobachtend)
	– Fertigkeit, Technik
	– Empfindung
	– Einstellungsänderung

Vorteile des Rollenspiels[1]

Das Rollenspiel

(1) befähigt Schüler, verborgene Gefühle zu äußern

(2) befähigt Schüler, eigene Absichten und Probleme zu erörtern

(3) befähigt Schüler zu Mitgefühl und zum Verständnis der Beweggründe anderer

(4) bietet Übung verschiedener Verhaltensweisen

(5) porträtiert generalisierte soziale Probleme und Beziehungen informeller und formeller Gruppeninteraktionen

(6) verleiht akademisch-theoretischen Inhalten (Geschichte, Sprache, Wirtschaft, Geografie) Leben und Unmittelbarkeit

(7) bietet schweigsamen Schülern Gelegenheit zur Interaktion und betont die Bedeutung nichtverbaler und emotionaler Antworten

(8) ist motivierend und effektiv, weil es Aktivität beinhaltet

(9) sorgt für schnelle Rückantwort bei Schülern und Spielleiter

(10) ist schülerorientiert und richtet sich an Wünschen und Bedürfnissen der Teilnehmer aus; die Gruppe kann Inhalt und Verlauf kontrollieren

(11) überwindet Trennung von Ausbildung und realen Lebenssituationen

(12) verändert Einstellungen

(13) gestattet Übung in der Kontrolle von Gefühlen und Meinungen.

Nachteile des Rollenspiels[1]

Mögliche Nachteile des Rollenspiels

1. Der Spielleiter verliert die Kontrolle darüber, was gelernt und wie es gelernt wird.

2. Vereinfachungen können irreführen.

3. Das Rollenspiel benötigt viel Zeit.

4. Das Rollenspiel benötigt zusätzliche Mittel (Menschen, Raum, besondere Erfordernisse).

5. Das Rollenspiel hängt von der Qualifikation des Spielleiters und der Schüler ab.

6. Seine Auswirkungen können Rückzugs- oder Abwehrsymptome auslösen.

7. Das Rollenspiel kann zu sehr als Unterhaltung oder Spielerei aufgefasst werden.

8. Das Rollenspiel kann Lernen so dominieren, dass solide Theorien und Fakten ausgeschlossen werden.

9. Das Rollenspiel kann auf bereits vorhandene Kenntnisse von Schülern beschränkt bleiben.

Checkliste für den Einsatz von Rollenspielen[1]

Themenaufstellung und Entscheidung über die Einordnung in das Lehr- und Lernprogramm

↓

Bestimmung der äußeren Voraussetzungen

↓

Auflistung der kritischen Faktoren des Problems

↓

Entscheidung über Typ/Struktur des Rollenspiels

↓

Auswahl des Rollenspiels oder Verfassen der Informationen und des Materials

↓

Rollenspielverlauf (Ablauf)

↓

Auswertung

↓

Folge – Aktivitäten

---

1 Van Ments, Morry: Rollenspiel: effektiv. Ein Leitfaden für Lehrer, Erzieher, Ausbilder und Gruppenleiter. Ins Deutsche übertragen von Katja und Wilhelm H. Peterßen. 2. Auflage, München 1991

Ablaufgestaltung [19]

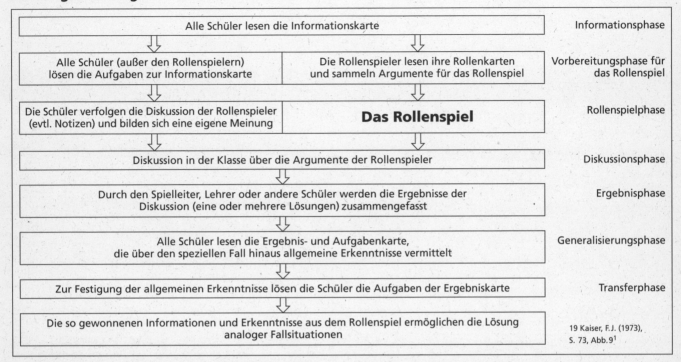

Alle Schüler lesen die Informationskarte		Informationsphase
Alle Schüler (außer den Rollenspielern) lösen die Aufgaben zur Informationskarte	Die Rollenspieler lesen ihre Rollenkarten und sammeln Argumente für das Rollenspiel	Vorbereitungsphase für das Rollenspiel
Die Schüler verfolgen die Diskussion der Rollenspieler (evtl. Notizen) und bilden sich eine eigene Meinung	**Das Rollenspiel**	Rollenspielphase
Diskussion in der Klasse über die Argumente der Rollenspieler		Diskussionsphase
Durch den Spielleiter, Lehrer oder andere Schüler werden die Ergebnisse der Diskussion (eine oder mehrere Lösungen) zusammengefasst		Ergebnisphase
Alle Schüler lesen die Ergebnis- und Aufgabenkarte, die über den speziellen Fall hinaus allgemeine Erkenntnisse vermittelt		Generalisierungsphase
Zur Festigung der allgemeinen Erkenntnisse lösen die Schüler die Aufgaben der Ergebniskarte		Transferphase
Die so gewonnenen Informationen und Erkenntnisse aus dem Rollenspiel ermöglichen die Lösung analoger Fallsituationen		19 Kaiser, F.J. (1973), S. 73, Abb. 9[1]

Funktionen des Rollenspiels im Curriculum (Lehrplan) [2]

Das Rollenspiel kann eingesetzt werden
– zur Einführung in das Thema
– zur Problementfaltung
– als Zentralverfahren der gesamten Lehr- und Lerneinheit
– zur Aufwärmung / Unterbrechung / als Zwischenspiel
– zur Zusammenfassung
– zur Revision / Wiederholung
– als Überprüfung / Test

Zielsetzungen der Auswertungsphase [2]

Die Auswertungsphase soll
1. die Spieler aus der Rolle herausführen
2. das Geschehene (auf der faktischen Ebene) klären
3. Missverständnisse und Fehler korrigieren
4. Spannungen und Ängstlichkeit zerstreuen
5. Voraussetzungen, Gefühle und Veränderungen, die sich während des Spielverlaufs einstellten, herausarbeiten
6. den Spielern Gelegenheit geben ihre Selbstbeobachtungsfähigkeit weiterzuentwickeln
7. Beobachtungsfertigkeiten entwickeln
8. tatsächliche Ereignisse zu den beabsichtigten Zielen in Beziehung setzen
9. Ursachen für die Geschehnisse analysieren
10. helfen Schlussfolgerungen aus dem Verhalten zu ziehen
11. Lernergebnisse verstärken oder korrigieren
12. neue überlegenswerte Aspekte herausstellen
13. Überprüfungsmöglichkeiten für Verhalten ableiten
14. die Anwendung auf andere Situationen ermöglichen
15. Verbindungen zu früherem Lernen knüpfen
16. einen Plan für künftiges Lernen aufstellen.

Fragen für die Beobachter [2]

– Wer hat am meisten/wenigsten gesagt?
– Wann hat jemand unterbrochen, bevor die übrigen fertig waren?
– Welche Fragen / Argumente wurden überhaupt nicht beantwortet?
– Wie hat sich die allgemeine Atmosphäre während des Spiels verändert?
– Welche noch möglichen Lösungen wurden übersehen?
– Haben die Sprecher Augenkontakt behalten?
– Hatten sie den Eindruck, dass jeder zuhörte?
– Wurden die Teilnehmer ermutigt ihre Sichtweisen darzutun?
– Wie sehr wurde manipuliert?
– Haben die Späße die Kommunikation gefördert oder behindert?
– Welche Anzeichen von Frustration, Langeweile, Enthusiasmus usw. nahmen sie wahr?
– Welche Teilnehmer hatten großen, welche geringen Einfluss?
– Wer hat die Diskussion am Thema gehalten? Wie?
– Welche Aktionen förderten die „Aufgabe" (das bearbeitete Problem), welche den „Prozess" (den Weg, wie es bearbeitet wurde)?
– Wie wurden schweigsame Zeiten aufgenommen?
– Wer hat mit wem/wer nicht mit wem gesprochen?
– Wie wurden Entscheidungen getroffen?
– Hat die Gruppe die verfügbare Zeit strukturiert genutzt?
– Gab es Ausweichmanöver?

1 Steinmann, Weber (Hrsg.): Handlungsorientierte Methoden der Ökonomie. Ein Sammelband mit 31 Beiträgen für die Unterrichtspraxis. Neusäß 1995
2 Van Ments, Morry: Rollenspiel: effektiv. Ein Leitfaden für Lehrer, Erzieher, Ausbilder und Gruppenleiter. Ins Deutsche übertragen und bearbeitet von Katja und Wilhelm H. Peterßen. 2. Auflage, München 1991

Logik der Auswertung [1]

Klärung des Rollenspiels

– Die Tatsachen werden herausgearbeitet, Missverständnisse werden aufgeklärt, Fehler werden abgestellt.
– Das Selbstverständnis der Spieler und ihre Sicht der anderen wird geklärt.
– Den Spielern wird geholfen aus ihren Rollen herauszufinden.
– Die Wahrnehmungen der Beobachter werden ermittelt.
– Die Handlungen werden mit Bezug auf die speziellen Voraussetzungen des Rollenspiels interpretiert.

Schlussfolgerungen

– Die Gründe für bestimmte Ereignisse / Abläufe werden ermittelt.
– Die Interaktionen werden analysiert.
– Ursachen, Folgen, Auswirkungen werden festgestellt.
– Das Geschehene wird in Beziehung zur gesellschaftlichen Realität gesetzt.
– Generelle Schlussfolgerungen werden gezogen.

Entwicklung eines Aktionsplanes

innerhalb des Klassenzimmers
– Das Rollenspiel wird in veränderter Form wiederholt.
– Neue Übungen werden entwickelt.
– Weitere Instruktionen werden gegeben.

außerhalb des Klassenzimmers
– Verhaltens- und Arbeitsweisen werden geändert.
– Kontrollverfahren werden ausgearbeitet.

Hilfestellungen

– Ratschläge, Hilfen, Hilfsmittel werden vorbereitet und bereitgestellt.

Techniken der Auswertung [1]

Phase 1
– Wende „offene" Fragen an (Wie? Warum? Was?).
– Konzentriere dich auf einzelne Spieler.
– Erkunde alternative Handlungsmöglichkeiten.
– Reflektiere Gefühle.
– Bestehe auf beschreibenden statt wertenden Kommentaren.
– Gib Rückmeldung eher in Ausdrücken des Beobachters eigener Erfahrung als in anderer Form.
– Wende für Gruppendiskussionen „Reaktionskarten" an.
– Bewerte keineswegs die Qualität der Darstellung.
– Argumentiere nicht noch über missverstandene Anweisungen.
– Gehe nicht auf Motive ein und gib keine Urteile über zugrunde liegende Einstellungen ab.
– Betone eher, was tatsächlich getan wurde, als was nicht getan wurde.
– Benutze in der Diskussion die Rollentitel, nicht die Namen der Spieler.

Phase 2
– Frage nach Begründungen (Warum? Wie? Wer?).
– Überprüfe die Antworten (Warum nicht? Was, wenn?).
– Suche alternative Erklärungen (Gibt es andere Möglichkeiten?).
– Sammle andere Beispiele (Wo sonst ist das auch schon geschehen?).
– Prüfe Schlussfolgerungen an Alternativen (Welche ergibt mehr Sinn?).
– Gib den Standpunkt anderer Experten wieder.

Phase 3
– Bringe die Schüler dazu, ihre eigenen Aktionen selbst zu kommentieren.
– Notiere Aktionen auf Wandzeitungen o. Ä.
– Stelle Gruppen oder Paare von Schülern für Aktionen zusammen.
– Mache einen Zeitplan für die Aktionen.
– Stimme Kriterien für den Erfolg der Aktionen ab.

Checkliste für die Auswertung [1]

1. Sorge für genügend Zeit.
2. Bereite den Raum für eine teilnehmerzentrierte Diskussion vor.
3. Gewährleiste, dass jeder Teilnehmer Gelegenheit zum Reden hat.
4. Versichere dich, dass du die Gefühle jeder Person richtig wahrgenommen hast.
5. Sorge für eine schriftliche Zusammenfassung aller Aspekte.
6. Stelle eine Liste der wichtigsten Schlussfolgerungen auf.
7. Bereite die mögliche Wiederholung des Rollenspiels mit Variationen vor.
8. Stimme den jeweils nächsten Schritt mit den Schülern ab.
9. Stelle sicher, dass die Schüler begreifen, wie ihre Spielerfahrungen mit der Lebenswirklichkeit zusammenhängen.

---

1   Van Ments, Morry: Rollenspiel: effektiv. Ein Leitfaden für Lehrer, Erzieher, Ausbilder und Gruppenleiter.
    Ins Deutsche übertragen und bearbeitet von Katja und Wilhelm H. Peterßen. 2. Auflage, München 1991

Übersicht über erfahrungsschaffende Aktivitäten[1]

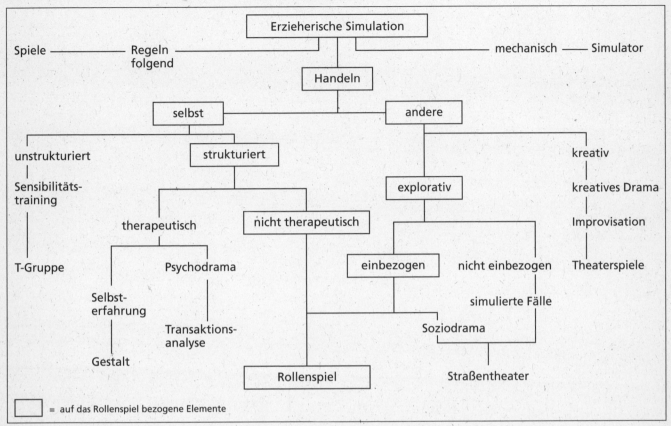

```
                          Erzieherische Simulation

Spiele ──────── Regeln ──────────────────────── mechanisch ──── Simulator
                folgend
                          Handeln

              selbst                        andere

unstrukturiert    strukturiert                               kreativ

Sensibilitäts-                                               kreatives Drama
training                          explorativ

              therapeutisch   nicht therapeutisch            Improvisation

T-Gruppe          Psychodrama       einbezogen  nicht einbezogen   Theaterspiele

          Selbst-                             simulierte Fälle
          erfahrung
                  Transaktions-              Soziodrama
                  analyse
          Gestalt
                          Rollenspiel        Straßentheater
```

☐ = auf das Rollenspiel bezogene Elemente

Literaturverzeichnis

Achtnich/Opdenhoff:
Rollenspielkarten, Gelnhausen/Freiburg o. J.

Andolfi, Maurizio/Angelo, Claudio/Menghi, Paolo/Nicolo-Corigliano, Anna-Maria:
Das Spiel in der Maske. Stuttgart 1986

Anselm, Ernst:
Das Rollenspiel im Unterricht. Ravensburg 1976

Arndt, Marga:
Didaktische Spiele, Berlin 1964

Bitiner/Schäfer/Strobel:
Spielgruppen als soziale Lernfelder. München 1973

Dahrendorf, Ralf:
Homo sociologicus. Köln/Opladen, 4., erw. Auflage 1964

Daublebsky, Benita:
Spielen in der Schule. Stuttgart 1974

Figge, Peter A.:
Lernen durch Spielen. Heidelberg 1975

Flitner, Andreas:
Spielen – Lernen. München 1973

Furness, Pauline:
Soziales Rollenspiel. Ravensburg 1978

Goffmann, Erving:
Interaktion: Spaß am Spiel – Rollendistanz. München 1973

Gold, Volker/Wagner, Mignon/Ranft, Wolfgang L./Vogel, Marianne/Weber, Inge:
Kinder spielen Konflikte. Neuwied/Berlin 1973

Igendahl, W.:
Sprechspiele – Rollenspiele. München 1973

Kaiser, Franz-Josef:
Entscheidungstraining. Bad Heilbrunn 1973

Kochan, Barbara (Hrsg.):
Rollenspiel als Methode sprachlichen und sozialen Lernens. Kronberg 1974

Krappmann, Lothar:
Soziologische Dimensionen der Identität. Stuttgart 1971

Millar, Susanne:
Psychologie des Spiels. Ravensburg 1973

Schützenberger, Anne:
Einführung in das Rollenspiel. Stuttgart 1976

Shaftel, Fanny R./Shaftel, George:
Rollenspiel als soziales Entscheidungstraining. München/Basel 1973

Taylor, John L./Walford, Rex:
Simulationsspiele im Unterricht. Ravensburg 1974

Wendlandt, Wolfgang (Hrsg.):
Rollenspiel in Erziehung und Unterricht. München 1977[1]

---

1 Van Ments, Morry: Rollenspiel: effektiv. Ein Leitfaden für Lehrer, Erzieher, Ausbilder und Gruppenleiter.
   Ins Deutsche übertragen und bearbeitet von Katja und Wilhelm H. Peterßen. 2. Auflage, München 1991

3.2 Sachverständigenbefragung/ Hearing

Bei einer Sachverständigenbefragung werden fachkundige Personen in Interviews oder in Diskussionen, die unter gezielten Fragestellungen stehen, um Informationen zu bestimmten Sachverhalten gebeten.

Das Hearing ist eine spezifische Form der Sachverständigenbefragung, die vor allem im parlamentarisch-politischen Raum genutzt wird, um zu einem bestimmten Thema die notwendigen Informationen, die unterschiedlichen Meinungen, das Für und Wider zu erfahren. Dabei kann man Expertinnen bzw. Experten einzeln befragen oder mehrere gleichzeitig. Die Expertinnen bzw. Experten können zu Beginn des Hearings durch eine kurze Information den eigenen Standpunkt darstellen. Danach sollen diese Äußerungen hinterfragt, vertieft und infrage gestellt werden. Die Sachverständigenbefragung wird durch die Fragen der Teilnehmerinnen und Teilnehmer strukturiert.

Einige Fragen zur Vorbereitung

- Zu welchem Problemfeld sollen spezielle Informationen oder Beurteilungen eingeholt werden?
- Welche Informationen und Einschätzungen besitzen wir bereits?
- Welche Fragen haben wir zum Problemfeld?
- Wo liegen unsere Unsicherheiten?
- Was können wir von einer Expertin bzw. einem Experten erwarten?
- Wo können wir Expertinnen und Experten zu unserem Themenbereich finden?
- Wo liegen die Schwerpunkte ihrer bzw. seiner Arbeit bzw. worin besteht ihre bzw. seine spezifische fachliche Kompetenz?
- Welchem politischen Spektrum ist die Expertin oder der Experte zuzurechnen?
- Vertritt die Expertin oder der Experte einen speziellen Ansatz? (Sollen auch andere Richtungen gehört werden?)
- Wie soll die Befragung strukturiert sein?
- Welche Themenbereiche sollen angesprochen werden?
- Welche konkreten Fragen sollen gestellt werden?
- Wer übernimmt die Moderation?
- Wer stellt die Fragen?
- Wie soll die Sitzordnung aussehen (Hufeisen, Kreis, Tischgruppen)?
- Wie wird die Befragung dokumentiert?
- Wie wird mit den Ergebnissen weitergearbeitet?

Eine Erfahrung aus der Praxis

„Viele Sachverständige sind mit der Befragung in Reinform nicht vertraut. Auch ungeübte Teilnehmerinnen und Teilnehmer sind zuweilen in der gedanklichen Strenge und Gesprächsdisziplin überfordert oder aber es entwickelt sich eine Eigendynamik, bei der sich die Beteiligten so stark auf Teil- oder Nebenaspekte des Themas konzentrieren, dass dadurch das Hauptanliegen der Veranstaltung verschüttet wird. Räumen sie in solchen Fällen der Expertin bzw. dem Experten eine (sehr) kurze Zeit zu einer Darstellung im Überblick ein. Dies können sie medial unterstützen (lassen) durch ein Thesenpapier oder durch ein Schaubild mit den notwendigen Zusammenhängen auf Tafel oder Tageslicht-schreiber. Es liegt an der Gesprächsleitung, wie schnell zur echten Befragung zurückgefunden wird."
Josef M. Thees

Anforderungen an eine Sachverständigenbefragung

Die Teilnehmerinnen und Teilnehmer müssen in einer Vorbereitungsphase ihr Vorverständnis vom Problem geklärt und eine Absprache getroffen haben über die Arbeitsform während der Sachverständigenbefragung. Nur so sind sie in der Lage, sachgerechte Fragen zu stellen. Zur weiteren Vorbereitung sollte ein Fragenkatalog bzw. ein Interviewleitfaden erarbeitet werden. Daneben muss jedoch auch Platz für spontane, unvorbereitete Fragen sein.

Sachverständigenbefragungen sind keine Expertenvorträge, sondern erlauben höchstens eine kurze Darstellung eines Standpunktes bzw. eine kurze Information zum Problem. Deshalb sollte die Moderatorin bzw. der Moderator darauf achten, dass die Experten tatsächlich auf die Fragen der Teilnehmerinnen und Teilnehmer eingehen.

In der Auswertung der Sachverständigenbefragung sollten die Eindrücke, die gewonnenen Informationen und Ergebnisse mit den Voreinstellungen und Annahmen der Teilnehmerinnen und Teilnehmer verglichen werden. Unklarheiten sollten durch weitere Recherchen beseitigt werden.

Vgl. Bundeszentrale für politische Bildung (Hrsg.): Die Fähigkeit, zu verstehen und zu lernen . . . „Betr.: Information und Kommunikation". Aus der Reihe Schlüsselwörter der politischen Bildung. Bonn 1986, S. 16 f.

			Vorbereitung	Befragung
			30-60	60-90

Aus: Gugel, Günther: Methoden-Manual II: „Neues Lernen". Tausend neue Praxisvorschläge für Schule und Lehrerbildung. Weinheim, Basel 1998, S.147

Zum Umgang mit der Methodensammlung

Die verschiedenen methodischen Anregungen können in unterschiedlichen Sozialformen, z. B. in Einzel- oder Gruppenarbeit angewendet werden. Um dies kenntlich zu machen finden sich am Ende jeder Methodenbeschreibung Piktogramme:

Einzelarbeit

Partnerinnen- und Partnerarbeit

Kleingruppen

Plenum

Piktogramme weisen auch darauf hin, für welche Seminarsituation die Methode u. a. geeignet erscheint:

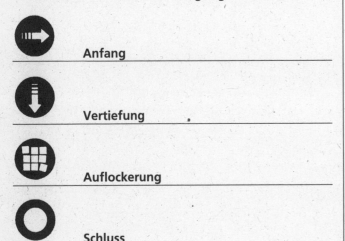

Anfang

Vertiefung

Auflockerung

Schluss

3.3 Zukunftswerkstatt

1. Entwicklung

Ursprünge

Die Ursprünge der Zukunftswerkstatt liegen in den frühen 60er-Jahren. Sie entstanden aus der Kritik sozial engagierter Zukunftsforscher an der damaligen Futurologie. Diese konzentrierte sich auf technische Aspekte und wurde von Interessengruppen aus Wirtschaft, Politik und Militär vereinnahmt. Experten entwarfen „wünschenswerte" Zukunftsszenarien und die Interessengruppen versuchten dann, diese Pläne langfristig in die Realität umzusetzen. Wissen um die Möglichkeiten der Zukunft wurde als Machtfaktor erkannt.

Die betroffenen Menschen wurden in diese Gestaltungsversuche nicht einbezogen. In einer rapide wachsenden Expertokratie wurde über sie bestimmt, wobei technische Gesichtspunkte bei weitem stärker gewichtet wurden als soziale.

Ziele der Zukunftswerkstatt

Gegen diese Tendenz wandte sich u. a. der Zukunftsforscher und Schriftsteller Robert Jungk. Über mehrere Jahre hinweg entwickelte er die Zukunftswerkstatt als Gegenentwurf. Im Zentrum standen dabei drei Ziele, die auch heute noch die Grundidee der Zukunftswerkstatt darstellen.

Demokratisierung

Der Hauptgedanke ist, dass Menschen über ihr eigenes Leben bestimmen sollen. Der Fremdbestimmung durch mächtige Interessengruppen soll ebenso entgegengewirkt werden wie der durch wohlmeinende Verwaltungen; mit technischen Mitteln geschaffene Fakten sollen nicht ohne Beteiligung der Betroffenen das Leben gestalten. Insofern soll die Gesellschaft demokratisiert werden. Damit ist nicht gemeint, dass in Zukunftswerkstätten Entscheidungen getroffen werden sollen. Sie sollen Mitbestimmung und Einmischung ermöglichen.

Das Ideal des Gedankens der Zukunftswerkstätten ist, dass sie an jedem Ort stattfinden, an dem gesellschaftliche Probleme auftauchen. Gemeinden sollten ständig Räume dafür bereithalten, sodass eine lebendige Demokratie „von unten" entstehen könnte.

Zukunftsentwürfe der Betroffenen

Die Demokratisierung soll erreicht werden, indem sich Menschen Gedanken über ihre eigene Zukunft machen, eigene Vorstellungen entwerfen. Ausgangspunkt ist dabei nicht das Expertenniveau. Es geht nicht darum, mit Wissenschaftlern über fachspezifische Zusammenhänge und deren Einfluss auf die Gesellschaft zu diskutieren. Die Zukunftswerkstatt geht vielmehr von zwei Grundressourcen jedes Menschen aus: einerseits dem Wissen über die eigenen Lebensumstände, andererseits der Phantasie, den Wunschvorstellungen und Träumen von idealen Zuständen. Auf dieser Basis soll über die eigene Zukunft nachgedacht werden. Themen von Zukunftswerkstätten müssen dabei nicht vordergründig politisch sein. Der Bereich umspannt „Mitgestaltungsmöglichkeiten in der Uni" oder „Neue Technologien am Arbeitsplatz" ebenso wie „Leben in unserer Straße" oder sogar „Beziehungen". Jede bewusste Zielsetzung einer Gruppe von Menschen wirkt in ihrer Umsetzung in mehr oder weniger großem Ausmaß politisch.

Aktivierung

Voraussetzung dieser politischen Wirkung ist allerdings noch die Bemühung um die Durchsetzung von Entwürfen. Die Vorstellungen entstehen ja nicht in einem luftleeren Raum, der beliebig zu füllen wäre. Vielmehr werden sich gerade bei Themen aus der Politik oft Interessenkonflikte mit anderen Beteiligten ergeben. Insofern ist die – politische – Aktivierung von Menschen ein weiteres Ziel der Zukunftswerkstatt.

Methodische Entwicklung

Ebenso wie in der Moderationsmethode war viel Experimentieren notwendig, um zu einer ausgereiften Methode zu kommen. So wurde etwa 1965 bei einer Veranstaltung in Wien den um einen Tisch sitzenden Bürgern einfach die Frage gestellt, wie sie sich denn die Zukunft vorstellen würden. Die recht zähe Resonanz zeigte, dass auf diesem direkten Weg wenig Zielphantasie zu wecken war.

Nach einigen Anfangsschwierigkeiten entwickelte sich die Zukunftswerkstatt aber sehr schnell weiter. Brainstorming wurde genutzt, um die Phantasieentwicklung zu fördern, Visualisierung erleichterte das Festhalten der Beiträge, ein Phasenschema wurde entworfen, das das gemeinsame Werken strukturierte und bis heute das Kernstück der Methode bildet: in der *Kritikphase* wird Kritik am bestehenden Zustand gesammelt, in der *Utopie-* oder *Phantasiephase* ein utopischer Gegenentwurf aufgestellt, aus dem in der *Realisierungsphase* eigene Zielvorstellungen und Handlungsmöglichkeiten entworfen werden.

Verbreitung

Ende der 70er-Jahre wurde die Anfrage nach Zukunftswerkstätten so groß, dass Robert Jungk und Norbert Müllert ein Buch darüber schrieben, das als Einführung und Anleitung für Interessierte dienen sollte: „Zukunftswerkstätten: Mit Phantasie gegen Routine und Resignation". Die Veröffentlichung regte wiederum die weitere methodische Ausarbeitung an und führte zu einer Ausweitung der Anwendungsgebiete. Die Werkstätten wurden nicht mehr nur eingesetzt, um Betroffene bei eigenen Zukunftsentwürfen zu unterstützen und damit eine Demokratisierung der Gesellschaft zu erreichen. Sie wurden z. B. als offenes und aktivierendes Element in Bildungsveranstaltungen integriert, sie wurden als Möglichkeit genutzt Probleme anzureißen und zu durchdringen und sie wurden sogar im Umgang mit persönlichen Problemen verwendet. (...)

3.   Einführung in die Methode

3.1 Überblick über die Phasen

Charakteristisch für die Zukunftswerkstatt ist die Aufteilung in drei klar voneinander getrennte Phasen, die Kritik-, Phantasie- und Realisierungsphase. Diesen Kern der Werkstatt umschließen die Vorbereitungs- und die Nachbereitungsphase.

Vorbereitung

In die Vorbereitungsphase fallen sämtliche Vorarbeiten für die Moderation, wie z. B. Materialbeschaffung, Wahl des Raumes usw. Auch die gegenseitige Vorstellung der Teilnehmer und die Einführung in die Arbeitsweise durch die Moderatoren gehören in diesen Abschnitt.

Kritik

Die eigentliche Arbeit beginnt in der Kritikphase, einer Bestandsaufnahme des gegenwärtigen bzw. erwarteten Zustandes, die sich auf die negativen Aspekte konzentriert. Die Gruppe bringt ihre Beschwerden vor, z. B. zur Wohnsituation im Stadtteil Steinbühl, und wählt das Wichtigste aus.

Im Bezugsrahmen der Moderationsmethode entspricht das der Themensammlung und -auswahl, allerdings kommt ein wesentliches neues Element dazu: das, fränkisch ausgedrückt, „Auskotzen". Aufgestauter Ärger kann entladen werden. Diese Katharsis schafft die Grundlage für späteres konstruktives und phantasievolles Arbeiten.

Phantasie

In der Phantasie- oder Utopiephase werden die Idealvorstellungen und Wünsche der Teilnehmer gesammelt. Wichtig ist, dass diese Sammlung über reine Gegenvorstellungen zu den Kritikpunkten hinausgeht. Die Gedanken sollen nicht an dem hängen, was ist, sondern sich auf eigene Idealbilder richten. Die späteren Lösungen sollen nicht von (Pseudo-)Sachzwängen bestimmt werden, die unbemerkt in die Zieldefinition einfließen. Aus Utopien können leichter neue Wege entwickelt werden als aus gegenwartsorientiertem, „realistischem" Denken.

Zum Abschluss werden auch hier wieder die wichtigsten und interessantesten Beiträge ausgewählt.

Um den ungestörten Gedankenfluss zu gewährleisten, wird in Kritik- und Phantasiephase völlig auf die Diskussion von Äußerungen verzichtet.

Realisierung

Der letzte Teil der Moderation ist die Verwirklichungs- oder Realisierungsphase. In ihr werden die Ergebnisse der Phantasiephase auf die Realität bezogen. Je nach dem Ziel der Werkstatt werden Forderungen aufgestellt, individuelle Verhaltensmöglichkeiten überlegt oder Durchsetzungsmöglichkeiten für Projekte abgeschätzt und Umsetzungsschritte geplant.

Nachbereitung

Die Nachbereitungsphase gehört nicht mehr zur eigentlichen Moderation. Inhalte sind die Reflexion der Werkstatt, Adressenaustausch, die Abfassung eines Protokolls für die Teilnehmer, evtl. die Verbreitung der Arbeitsergebnisse und, im Idealfall, die Verwirklichung eines entstandenen Projekts.

Ablaufschema einer Zukunftswerkstatt

1. Kritikphase
Kritik an gegebener/befürchteter Situation sammeln, strukturieren, besprechen;
Auswahl zur Weiterbearbeitung

2. Utopiephase
Eigene Wunschvorstellungen entdecken und sammeln, strukturieren, auswählen, Utopien entwerfen

3. Realisierungsphase
Wünsche/Entwürfe auf Realisierbarkeit prüfen, Schwierigkeiten und Möglichkeiten der Umsetzung untersuchen;
konkret: wie geht es weiter?

Protokoll, Adressenaustausch
Projekt? Forderungen?

Denkfigur der Zukunftswerkstatt: Dialektik

Mit diesem Phasenschema verwendet die Zukunftswerkstatt die Denkfigur der Dialektik, die gerade für gesellschaftliche Zusammenhänge oft sehr gut geeignet ist. Dialektik bedeutet im Grunde ein Denken in Widersprüchen: Einer These (= Kritik) wird ihre Antithese (= Phantasie) gegenübergestellt. These und Antithese bedingen sich gegenseitig: Idealvorstellungen erzeugen Kritik und umgekehrt. Ihre Wechselwirkung führt zu einem Veränderungsprozess, in dem sich These und Antithese durch die Antriebskraft ihres Gegensatzes weiterentwickeln. Im Idealfall ergibt sich daraus eine Synthese, d. h. ein Zustand, in dem These und Antithese aufgehoben sind. „Aufgehoben" besitzt dabei drei Bedeutungen: „bewahrt" (die Ausgangspositionen sind in die Synthese eingegangen), „überschritten" (ihr Widerspruch und damit die Positionen selbst sind aufgelöst) und „auf ein neues Niveau gehoben" (aus These und Antithese ist etwas Neues entstanden). Im Rahmen der einzelnen Zukunftswerkstatt wird diese Synthese in der Realisierungsphase hergestellt.

Veranstaltung und Folgen als dialektischer Prozess

So gesehen ist die Zukunftswerkstatt in zwei dialektische Prozesse eingebettet. Der erste ist verhältnismäßig einfach und abschließbar, nämlich der Ablauf der Veranstaltung selbst. Der zweite kann als neuer Prozess aus der Werkstatt entstehen, wenn die Teilnehmer ihre Arbeitsergebnisse (= Antithese) in der Realität (= These) durchsetzen wollen. Das führt nur selten zu einer schnellen Synthese. Der Normalfall ist eine mehr oder weniger lang anhaltende Wechselwirkung zwischen den Zielen der Teilnehmer und der realen Situation, hinter der ja ebenfalls Interessen stehen. In jedem Fall ergibt sich daraus eine Dynamisierung und Bereicherung eines Ausschnitts des gesellschaftlichen Lebens.

Gruppendynamische Auswirkungen des Phasenschemas

Das Phasenschema hat starke Auswirkungen auf die Dynamik der Gruppe. Durch das gemeinsame „Motzen", durch das Erleben, dass es anderen genauso geht, später durch das gemeinsame Entwerfen von Utopien, durch das ungewohnte Spinnen-dürfen, wird die Gruppe sehr eng zusammengeführt. Diese Tendenz wird verstärkt durch einen gravierenden Unterschied zum Verfahren der Moderationsmethode: das Wort „Transparenz", ein zentraler Begriff des ersten Abschnitts, kommt in der Literatur zur Zukunftswerkstatt nicht vor. Inhaltlich entsteht sie zwar weitgehend durch die Visualisierung, auf der Beziehungsebene wird jedoch nicht versucht sie zu schaffen. Methodische Transparenz ist nur schwer herzustellen, da das Vorgehen nicht so unmittelbar einleuchtend, so logisch und klar ist wie in der Moderationsmethode.

Die Möglichkeit des Abstand-Gewinnen-Könnens, des geistigen Zurücktretens, wird also geringer. Das Individuum wird dadurch stärker in die Gruppe eingebunden als in der Moderationsmethode. Im Sinne eines späteren gemeinsamen politischen Arbeitens ist das auch durchaus erwünscht.

3.2 Gruppe

Gruppengröße

Die Anzahl der Teilnehmer einer Zukunftswerkstatt liegt meist zwischen 15 und 25.

Die Obergrenze sollte nicht weiter heraufgesetzt werden, da bei einer zu großen Gruppe die Kommunikation schwierig wird. Allerdings bietet sich bei mehr als 30 Leuten die Aufteilung in zwei parallele Zukunftswerkstätten an. Das kann zu einer interessanten gegenseitigen Befruchtung führen.

Der Sinn der Untergrenze liegt darin, dass bei zu wenigen Teilnehmern im Sinne der Phantasieentwicklung die gegenseitige Anregung schwach ausfällt und nicht genug Impulse für eine kreative, konstruktive Arbeit entstehen. Eine Werkstatt mit weniger als zehn Menschen ist nur selten sinnvoll. Sie sollte nur abgehalten werden, wenn deren Betroffenheit und damit Motivation sehr hoch ist und sie mit dem Thema vertraut sind.

Gruppenaufteilung

Ebenso wie in der Moderationsmethode wird mit dem Wechsel zwischen Plenum und Kleingruppen gearbeitet, soweit dafür ausreichend Zeit vorhanden ist. Vertiefende Arbeit wird Kleingruppen übertragen, Weichenstellungen finden im Plenum statt.

3.3 Visualisierung

Material

Die Zukunftswerkstatt wird von den meisten Moderatoren nicht mit den Materialien der Moderationsmethode durchgeführt. Häufig werden einseitig bedruckte A4-Blätter für Stichpunkte und größere Plakate (Altpapier) oder zugeschnittenes Makulaturpapier (Reste von Rollen aus Zeitungsdruckereien, dort meist kostenlos zu erhalten) für Kleingruppendarstellungen oder Listen benutzt. Als Stifte dienen z. B. Pastell-Ölkreiden. Da das Material viel größer ist als das der Moderationsmethode, muss nicht auf eine

besondere Schrift geachtet werden. Sie muss lediglich groß sein.

Effekte

Dieses Mittel werden nicht nur verwendet, weil sie billiger sind und damit in Einklang mit dem Ziel der Verbreitung von Zukunftswerkstätten stehen. Durch sie entsteht auch eine gewollte leichte „Schmuddeligkeit" (das ist nicht ab-

DIN A4 für Stichpunktsammlungen

DIN A3 für Überschriften zu Clustern oder für Ausformulierungen

Pastell-Ölkreiden in verschiedenen Farben zum Schreiben und Malen

DIN A1 für Listen, z. B. zum Mitschreiben von Stichpunkten im Plenum, zum Brainstorming oder zur Auswertung von Kleingruppendarstellungen.

Die großen Plakate (A1, A2) werden oft aus Makulaturpapier zurechtgeschnitten.

DIN A2 kann statt A3 oder A1 verwendet werden, zu Überschriften oder kurzen Listen.

Klebeband zum Aufhängen der Blätter bzw. Plakate

Klebepunkte zur Gewichtung

Schere: ist nicht nur zum Basteln oder Zuschneiden von Bögen aus Makulaturpapier nötig, zu irgendetwas wird sie immer gebraucht

wertend gemeint). Die Phantasieentwicklung wird stärker gefördert als mit der perfekten, sauberen, klaren Darstellung in der Moderationsmethode. Deren Klarheit und geringer Platzbedarf erzeugt dagegen mehr Übersichtlichkeit, und die hohe ästhetische Qualität, die durch die aufeinander abgestimmten Farben und Formen entsteht, fördert die Konzentration.

3.4 Frage-/Antworttechniken

Unterschiede durch Material

Die Frage-/Antworttechniken der beiden Methoden ähneln sich teilweise, sind sich jedoch aufgrund des unterschiedlichen Materials nicht gleich. Jede Visualisierungsart hat ihre Vor- und Nachteile. So kann z. B. in der Moderationsmethode leichter mit großen Informationsmengen umgegangen werden, da sie aufgrund des klein konzipierten Materials auf engstem Raum verarbeitet werden können. Umgekehrt bietet gerade der größere Platzbedarf des Materials in der Zukunftswerkstatt zusätzliche Möglichkeiten. Beispielsweise können Gewichtungen auf einzelnen A4-Blättern vorgenommen werden; Punkten auf Moderationskärtchen ist dagegen kaum möglich. Auf diese Weise können große Informationsmengen vor der Weiterbearbeitung selektiert werden, indem nicht bewertete Stichpunkte aussortiert werden.

Zuruf

Die Zuruffrage und das Mind-Map sind, abgesehen von Nuancen in der Durchführung, in beiden Methoden gleich. Dazu werden ja auch in der Moderationsmethode keine besonderen Materialien benötigt.

Karten

Auch die Kartenabfrage wird in der Zukunftswerkstatt ähnlich durchgeführt. Die Teilnehmer schreiben ihre Antworten auf A4-Blätter, die dann sortiert werden können. Allerdings muss hier aufgrund des größeren Platzbedarfs aufgepasst werden, dass nicht zu viele Beiträge gesammelt werden. Das kann vermieden werden, indem z. B. Kritik in Zweiergruppen gesammelt wird, die dann jeweils drei Stichpunkte und damit Blätter produzieren. Eine andere Möglichkeit bietet die oben beschriebene Vorauslese.

Schreiben auf Papierbahn

Oft wird auch eine Fragetechnik verwendet, die in der Moderationsmethode nicht gebräuchlich ist: Die Teilnehmer schreiben ihre Beiträge auf eine große Papierbahn (Makulaturpapier), die auf dem Boden ausgelegt ist. Dabei rufen sie sie den anderen zu, sodass möglichst nichts doppelt vorkommt. Anschließend können die Stichpunkte ausgeschnitten oder -gerissen und sortiert werden.

Punktabfragen

Gewichtung und Auswahl kann ebenso wie in der Moderationsmethode mit Mehrpunktfragen durchgeführt werden. Sind keine Punkte vorhanden, so machen die Teilnehmer entspechend Striche hinter die Aussagen, die ihnen wichtig sind. Die Einpunktfrage dagegen wird in der Zukunftswerkstatt normalerweise nicht verwendet (vgl. S. 110).

Kleingruppen

In der Kleingruppenarbeit unterscheiden sich, v. a. in der Phantasiephase, die Aufträge an die Gruppen sehr deutlich. Häufig sollen die Ergebnisse aus kleinen Theaterstücken, aus Bildern oder Geschichten bestehen, in denen sich Idealvorstellungen ausdrücken. In der Realisierungsphase, in der es vorwiegend um rationale Bearbeitung geht, werden dagegen oft die gleichen Instrumente wie in der Moderationsmethode eingesetzt.

Frageformulierung

Ein interessanter Unterschied besteht auch darin, dass Fragen meist nicht exakt visualisiert werden. Statt „Was beeinträchtigt die Wohnqualität in Steinbühl?" würde lediglich das Thema „Wohnen in Steinbühl" und die Plakatüberschrift „Beschwerden/Kritik" ausgehängt. Damit wird der Spielraum der Antworten weniger eingeschränkt, zugleich können aber bei abstrakten Themen Abschweifungen vom eigentlichen Thema leichter vorkommen. Die Teilnehmer müssen hier deutlich mehr von der Problemstellung betroffen sein als in der stärker durchstrukturierten Fragestellung in der Moderationsmethode, um nicht in verwandte Gebiete abzuleiten, die gerade aktueller oder attraktiver sind.

3.5   Moderatoren

Allgemeine Aufgaben

Die Moderatoren haben in der Zukunftswerkstatt die gleiche Hebammenfunktion wie in der Moderationsmethode. Sie unterstützen die Kommunikation in der Gruppe, strukturieren den Ablauf und achten auf die Einhaltung der Spielregeln. Etwas mehr Gewicht als in der Moderationsmethode besitzt, v. a. in kurzen Werkstätten, das Bestehen auf Zeitvorgaben. Da der Ablauf durch einzelne Phasen vorstrukturiert ist, kann nur innerhalb dieser Abschnitte

variiert werden. Bleibt etwa am Schluss für die Realisierungsphase kaum mehr Zeit, so scheitert die gesamte Werkstatt. In der Moderationsmethode bestehen u. U. mehr Möglichkeiten, einzelne Arbeitsschritte zu kürzen oder zu verlängern.

Phasenspezifische Aufgaben

Weiter ist das Verhalten der Moderatoren abhängig von der Phase, in der sich die Zukunftswerkstatt befindet. In der Kritik- und der Phantasiephase versuchen sie die Gruppe bei Bedarf etwas „anzuheizen", sodass die Kritik ihre kathartische Funktion erfüllt und die Phantasie- zur Realisierungsphase bemühen sie sich zu verhindern, dass phantastische Ideen im vorschnellen Realismus untergehen, und in der Realisierungsphase achten sie auf Zielorientierung und Konkretheit der Arbeit.

Zu zweit moderieren

Auch in der Zukunftswerkstatt empfiehlt es sich, zu zweit zu moderieren, wobei die gleichen Begründungen wie in der Moderationsmethode gelten (vgl. S. 27). Übrigens unterscheiden sich teilweise die Anforderungen, die während der Veranstaltung an die Moderatoren gestellt werden. Während in der Moderationsmethode die Vorbereitung des Materials für die weiteren Arbeitsschritte viel Zeit in Anspruch nimmt, fällt das in der Zukunftswerkstatt kaum ins Gewicht. Dagegen sind die Moderatoren dort stärker gefordert, wenn es um die Vermittlung von Arbeitsanweisungen oder die Aufteilung in Kleingruppen geht.

In der Zukunftswerkstatt herrscht meist eine größere Unruhe als in der Moderationsmethode. Das ergibt sich einerseits aus der Wirkung des Materials, „schmuddelig" vs. ordentlich, andererseits aus dem Ablauf und der Dynamik der Veranstaltungsformen. In der Moderationsmethode ist der Ablauf klar verständlich, und es liegt mehr Gewicht auf der rationalen Ebene, während in der Zukunftswerkstatt spielerische und emotional betonte Elemente stellenweise stark in den Vordergrund treten.

3.6   Spielregeln

In der Zukunftswerkstatt werden, ebenso wie in der Moderationsmethode, Spielregeln benutzt, um den Arbeitsprozess der Gruppe zu erleichtern und zu strukturieren. Der Inhalt der Spielregeln und der Zeitpunkt ihrer Einführung variiert je nach Situation, Gruppe und den anwendenden Moderatoren.

Allgemeine Regeln

Phasenübergreifend können, je nach Bedarf, die gleichen Vorgaben verwendet werden wie in der Moderationsmethode (vgl. S. 78). Oft wird auch „Äußern in Stichworten" als Regel für die Plenumsarbeit eingeführt. Damit soll erreicht werden, dass Redeungewandte möglichst wenig benachteiligt werden.

Phasenspezifische Regeln

Weitere Regeln werden phasenspezifisch eingeführt. In der Kritik- und der Phantasiephase wird die Diskussion im Plenum untersagt, in der Phantasiephase nach dem Motto „Alles geht" verfahren und in der Realisierung der Themenbezug betont, der in der vorhergehenden Utopieentwicklung schwammig werden kann.

Aus: Dauscher, Ulrich: Moderationsmethode und Zukunftswerkstatt. Neuwied, Kriftel, Berlin 1996, S. 97 ff.

4. Teil:
Arbeitsmaterialien als Zusatzangebot

Beispiel 1:

Liquiditätszuführende befristete Transaktion über Mengentender

Die EZB beschließt dem Markt Liquidität über eine befristete Transaktion in Form eines Mengentenders zuzuführen.

Drei Geschäftspartner geben folgende Gebote ab:

Geschäftspartner	Gebot (Millionen EUR)
Bank 1	30
Bank 2	40
Bank 3	70
Insgesamt	**140**

Die EZB beschließt insgesamt 105 Millionen EUR zuzuteilen.

Der Prozentsatz der Zuteilung errechnet sich wie folgt:

$$\frac{105}{(30 + 40 + 70)} = 75\%$$

Die Zuteilung an die Geschäftspartner beträgt:

Geschäftspartner	Gebot (Millionen EUR)	Zuteilung (Millionen EUR)
Bank 1	30	22,5
Bank 2	40	30,0
Bank 3	70	52,5
Insgesamt	**140**	**105,0**

Beispiel 2:

Liquiditätszuführende befristete Transaktion über Zinstender

Die EZB beschließt dem Markt Liquidität über eine befristete Transaktion in Form eines Zinstenders zuzuführen.

Drei Geschäftspartner geben folgende Gebote ab:

Zinssatz (%)	Beträge in Millionen EUR				
	Bank 1	Bank 2	Bank 3	Gebote insgesamt	Kumulative Gebote
3,15				0	0
3,10		5	5	10	10
3,09		5	5	10	20
3,08		5	5	10	30
3,07	5	5	10	20	50
3,06	5	10	15	30	80
3,05	10	10	15	35	115
3,04	5	5	5	15	130
3,03	5		10	15	145
Insgesamt	**30**	**45**	**70**	**145**	

Die EZB beschließt 94 Millionen EUR zuzuteilen, sodass sich ein marginaler Zinssatz von 3,05% ergibt. Alle Gebote über 3,05% (bis zu einem kumulativen Betrag von 80 Millionen EUR) werden voll zugeteilt. Bei 3,05% ergibt sich folgende prozentuale Zuteilung:

$$\frac{94 - 80}{35} = 40\%$$

Die Zuteilung an Bank 1 zum marginalen Zinssatz beträgt zum Beispiel:

$$0,4 \cdot 10 = 4$$

Insgesamt ergibt sich für Bank 1 folgende Zuteilung:

$$5 + 5 + 4 = 14$$

Aus: Europäische Zentralbank: Die einheitliche Geldpolitik in Stufe 3. Allgemeine Regelungen für die geldpolitischen Instrumente und Verfahren des ESZB. Frankfurt 1998, S. 64.

Aus: Europäische Zentralbank: Die einheitliche Geldpolitik in Stufe 3; a.a.O., S.65

Geldpolitische Operationen des ESZB

Geldpolitische Geschäfte	Transaktionsart		Laufzeit	Rhythmus	Verfahren
	Liquiditätsbereitstellung	Liquiditätsabschöpfung			
Offenmarktgeschäfte					
Hauptrefinanzierungs-instrument	• Befristete Transaktionen	–	• Zwei Wochen	• Wöchentlich	• Standardtender
Längerfristige Refinanzierungsgeschäfte	• Befristete Transaktionen	–	• Drei Monate	• Monatlich	• Standardtender
Feinsteuerungsoperationen	• Befristete Transaktionen • Devisenswaps	• Devisenswaps • Hereinnahme von Termineinlagen • Befristete Transaktionen	• Nicht standardisiert	• Unregelmäßig • Bilaterale Geschäfte	• Schnelltender
	• Definitive Käufe	• Definitive Verkäufe	–	• Unregelmäßig	• Bilaterale Geschäfte
Strukturelle Operationen	• Befristete Transaktionen	• Emission von Schuldverschreibungen	• Standardisiert/nicht standardisiert	• Regelmäßig und unregelmäßig	• Standardtender
	• Definitive Käufe	• Definitive Verkäufe	–	• Unregelmäßig	• Bilaterale Geschäfte
Ständige Fazilitäten					
Spitzenrefinanzierungs-fazilität	• Befristete Transaktionen		• Über Nacht	–	• Inanspruchnahme auf Initiative der Geschäftspartner
Einlagefazilität	–	• Einlagenannahme	• Über Nacht		• Inanspruchnahme auf Initiative der Geschäftspartner

Aus: Europäische Zentralbank: Die einheitliche Geldpolitik in Stufe 3; a. a. O., S. 6

Geldpolitische Fachausdrücke: Glossar

Abschlusstag (trade date (T)): Datum, an dem ein Abschluss (d. h. eine Vereinbarung über eine finanzielle Transaktion zwischen zwei *Geschäftspartnern*) getätigt wird. Dieses Datum kann mit dem *Abwicklungstag* für die Transaktion zusammenfallen (gleichtägige Abwicklung) oder dem Abwicklungstag um eine bestimmte Anzahl von Geschäftstagen vorausgehen (der Abwicklungstag wird bezeichnet als T+ Zeit bis zur Abwicklung).

Abwicklungstag (settlement date): Datum, an dem eine Transaktion abgewickelt wird. Die Abwicklung kann am gleichen Tag (gleichtägige Abwicklung) oder einen oder mehrere Tage nach dem Abschluss stattfinden (der Abwicklungstag wird definiert als der *Abschlusstag* T+ Zeit bis zur Abwicklung).

Aktienkursrisiko (equity price risk): Verlustrisiko aufgrund der Schwankungen von Aktienkursen. Das *ESZB* wird bei seinen geldpolitischen Operationen dem Aktienkursrisiko in dem Maße ausgesetzt sein, in dem Aktien als *Kategorie-2-Sicherheiten* akzeptiert werden.

Amerikanisches Zuteilungsverfahren (American auction, multiple rate auction): Tenderverfahren, bei dem der Zuteilungssatz (bzw. Preis/*Swapsatz*) der jeweiligen individuellen Bietung entspricht.

Befristete Transaktion (reverse transaction): Geschäft, bei dem die Zentralbank Vermögenswerte gemäß einer *Rückkaufsvereinbarung* kauft oder verkauft oder Kredite gegen Verpfändung von Sicherheiten gewährt.

Bewertungsabschlag (valuation haircut): Risikokontrollmaßnahme für Sicherheiten, die bei *befristeten Transaktionen* verwendet werden, wobei die Zentralbank den Wert der Sicherheit als Marktwert der Sicherheit abzüglich eines bestimmten Prozentsatzes (Sicherheitsabschlag) berechnet. Das *ESZB* wendet Bewertungsabschläge an, die den Merkmalen der jeweiligen Sicherheiten entsprechen, wie z. B. der Restlaufzeit.

Bewertungstag (valuation date): Datum, an dem die den Kreditoperationen zugrunde liegenden Sicherheiten bewertet werden.

Bietungshöchstbetrag (maximum bid limit): Betragsmäßige Obergrenze für Gebote von einzelnen *Geschäftspartnern* bei einer Tenderoperation. Das *ESZB* kann Bietungshöchstbeträge festsetzen um unverhältnismäßig hohe Angebote einzelner Geschäftspartner zu vermeiden.

Bilaterale Geschäfte (bilateral procedure): Verfahren, bei dem die Zentralbank nur mit einem oder wenigen *Geschäftspartnern* direkt Geschäfte abschließt ohne Tenderverfahren zu nutzen. Hierzu gehören auch Operationen, die über die Börsen oder über Marktvermittler durchgeführt werden.

Brutto-Abwicklungssystem in Echtzeit (RTGS-System) (real-time gross settlement system, RTGS system): Brutto-Abwicklungssystem, in dem jede Transaktion (kontinuierlich) in Echtzeit verarbeitet und ausgeglichen wird (ohne Netting). Siehe auch: *TARGET-System*.

Definitiver Kauf bzw. Verkauf (outright transaction): Transaktion, bei der die Zentralbank Vermögenswerte definitiv am Markt (per Kasse oder Termin) kauft oder verkauft.

Dematerialisierung (dematerialisation): Abschaffung von effektiven Stücken oder Dokumenten, die Eigentum an Finanzaktiva verbriefen, sodass Finanzaktiva nur als Bucheinträge existieren.

Depotbank (custodian): Eine Einrichtung, die Wertpapiere und andere Finanzinstrumente im Auftrag Dritter verwahrt und verwaltet.

Depotkonto (safe custody account): Von der Zentralbank verwaltetes Wertpapierdepot, in dem *Kreditinstitute* Wertpapiere hinterlegen können, die der Besicherung von Zentralbankoperationen dienen.

Devisenswapgeschäft (foreign exchange swap): Gleichzeitige Kassa- und Termintransaktionen in einer Währung gegen eine andere. Das *ESZB* wird geldpolitische Offenmarktgeschäfte in Form von Devisenswapgeschäften durchführen, bei denen die *nationalen Zentralbanken* (oder die EZB) Euro gegen eine Fremdwährung per Kasse kaufen (oder verkaufen) und sie gleichzeitig per Termin verkaufen (oder kaufen).

Durchschnittserfüllung (averaging provision): Mechanismus, der es den *Geschäftspartnern* erlaubt, ihre *Mindestreservepflicht* auf Grundlage ihrer durchschnittlichen *Reserveguthaben* in der *Mindestreserveerfüllungsperiode* zu erfüllen. Die durchschnittliche Mindestreserveerfüllung trägt zur Stabilisierung der Geldmarktzinsen bei, indem sie den Instituten einen Anreiz gibt, die Auswirkungen von zeitweiligen Liquiditätsschwankungen abzufedern. Das Mindestreservesystem des *ESZB* sieht eine Durchschnittserfüllung vor.

(Effekten-)Girosystem (book-entry system): Buchungssystem, das die Übertragung von Rechten (z. B. an Wertpapieren und anderen Finanzinstrumenten) gestattet ohne effektive Stücke zu bewegen. Siehe auch *Dematerialisierung*.

Einlagefazilität (deposit facility): *Ständige Fazilität* des *ESZB*, die den *Geschäftspartnern* die Möglichkeit bietet, Guthaben bis zum nächsten Geschäftstag zu einem vorher festgesetzten Zinssatz anzulegen.

Emittent (issuer): Rechtliche Einheit, die aus einem Wertpapier oder einem anderen Finanzinstrument verpflichtet ist.

Endgültige Übertragung (final transfer): Unwiderrufliche und unbedingte Übertragung mit schuldbefreiender Wirkung.

ESZB-Geschäftstag (ESCB business day): Jeder Tag, an dem die EZB und mindestens eine nationale Zentralbank zur Ausführung von geldpolitischen Operationen des ESZB geöffnet ist.

Europäisches System der Zentralbanken (ESZB) (European System of Central Banks (ESCB)): Bezieht sich in diesem Bericht auf die Europäische Zentralbank (EZB) und die *nationalen Zentralbanken* der EU-*Mitgliedsstaaten*, die die einheitliche Währung gemäß dem *Vertrag* eingeführt haben. (Es ist darauf hinzuweisen, dass die nationalen Zentralbanken der Mitgliedstaaten, die die einheitliche Währung gemäß dem Vertrag nicht eingeführt haben, ihre währungspolitischen Befugnisse nach innerstaatlichem Recht behalten und daher nicht in die Durchführung der Geldpolitik des ESZB eingeschaltet sind.)

Euro-Währungsraum (euro area): Gebiet derjenigen EU-Mitgliedstaaten, die den Euro gemäß dem *Vertrag* als einheitliche Währung eingeführt haben.

Eurozinsmethode (act/360) (actual/360): *Zinsberechnungsmethode,* bei der die Zinsen taggenau berechnet werden, wobei für die Ermittlung des Zinsdivisors das Jahr zu 360 Tagen angenommen wird. Diese Zinsberechnungsmethode wird bei den geldpolitischen Operationen des ESZB angewandt werden.

EWR-Länder (Europäischer Wirtschaftsraum) (EEA (European Economic Area) countries): EU-Mitgliedstaaten sowie Island, Liechtenstein und Norwegen.

EZB-Zeit (ECB time): Die Zeit des Ortes, an dem die EZB ihren Sitz hat.

Fälligkeitstag (maturity date): Datum, an dem eine geldpolitische Operation ausläuft. Im Falle einer *Rückkaufsvereinbarung* oder eines Swapgeschäfts entspricht der Fälligkeitstag dem *Rückkaufstag.*

Feinsteuerungsoperation (fine-tuning operation): Unregelmäßige, von der Zentralbank durchgeführte Offenmarktoperation, die hauptsächlich darauf abzielt, unerwartete Liquiditätsschwankungen am Markt auszugleichen.

Festsatztender (fixed rate tender): Siehe Mengentender.

Festverzinslicher Schuldtitel (fixed-rate instrument): Finanzierungsinstrument, bei dem der Zinssatz für die gesamte Laufzeit des Instruments festgelegt ist.

Freibetrag (Lump-sum allowance): Fester Betrag, den ein Institut bei der Berechnung seines Mindestreserve-Solls nach den Mindestreservevorschriften des *ESZB* abziehen kann.

Geschäftspartner (counterparty): Der Kontrahent bei einem Finanzgeschäft (z. B. bei einer Transaktion mit der Zentralbank).

Hauptrefinanzierungsinstrument (main refinancing operation): Regelmäßiges *Offenmarktgeschäft,* das vom *ESZB* in Form einer *befristeten Transaktion* durchgeführt wird. Hauptrefinanzierungsoperationen werden im Wege von wöchentlichen *Standardtendern* mit einer Laufzeit von zwei Wochen ausgeführt.

Hereinnahme von Termineinlagen (collection of fixed-term deposits): Geldpolitisches Instrument, das vom *ESZB* für Feinsteuerungszwecke eingesetzt werden kann, indem den *Geschäftspartnern* eine Verzinsung für befristete Einlagen auf Konten bei den *nationalen Zentralbanken* angeboten wird, um am Markt Liquidität abzuschöpfen.

Holländisches Zuteilungsverfahren (Dutch auction, single rate auction): Tenderverfahren, bei dem der Zuteilungssatz (bzw. Preis/*Swapsatz*) für alle zum Zuge kommenden Gebote dem *marginalen Zinssatz* entspricht.

Inntertageskredit (intraday credit): Kreditgewährung mit einer Laufzeit von weniger als einem Geschäftstag. Das *ESZB* wird zugelassenen *Geschäftspartnern* für Zwecke des Zahlungsverkehrs (und auf der Grundlage von Sicherheiten) Innertageskredite gewähren.

Internationale Wertpapier-Identifikationsnummer (ISIN) (International Securities Identification Number): Eine internationale Kennnummer, mit der an den Finanzmärkten begebene Wertpapiere gekennzeichnet werden.

Kategorie-1-Sicherheit (tier one asset): Marktfähige Sicherheit, die bestimmte, für den gesamten *Euro-Währungsraum* einheitliche, von der EZB festgelegte Zulassungskriterien erfüllt. Zu diesen Kriterien gehören die Denominierung in Euro, die Emission (oder Garantie) durch Stellen in *EWR-Ländern* und die Hinterlegung bei einer *nationalen Zentralbank* oder zentralen *Wertpapierverwahrstelle* des Euro-Währungsraumes.

Kategorie-2-Sicherheit (tier two asset): Marktfähige oder nicht marktfähige Sicherheit, für die die jeweilige *nationale Zentralbank* vorbehaltlich der Zustimmung der EZB die Zulassungskriterien festlegt.

Kaufpreis (purchase price): Preis, zu dem Vermögenswerte dem Käufer vom Verkäufer verkauft werden oder zu verkaufen sind.

Kauftag (purchase date): Datum, an dem der Verkauf von Vermögenswerten durch den Verkäufer an den Käufer wirksam wird.

Kennzeichnungsverfahren (earmarking system): System zur Verwaltung von Sicherheiten durch die Zentralbanken, bei dem Liquidität gegen Sicherheiten, die als Deckung für jedes einzelne Geschäft gekennzeichnet sind, bereitgestellt wird.

Korrespondenzbankbeziehung (correspondent banking): Vereinbarung, in deren Rahmen eine Bank Zahlungsverkehrs- und andere Dienstleistungen für eine andere Bank erbringt. Zahlungen durch Korrespondenzbanken werden oft über gegenseitige Konten (so genannte Nostro- und Loro-Konten) ausgeführt, die mit Kreditlinien verbunden sein können. Korrespondenzbankdienste werden vor allem grenzüberschreitend angeboten.

Korrespondenz-Zentralbankmodell (Correspondent central banking model (CCBM)): Vom *ESZB* eingerichtetes Verfahren mit dem Ziel, es den *Geschäftspartnern* zu ermöglichen, refinanzierungsfähige Sicherheiten auf grenzüberschreitender Basis zu nutzen. Beim Korrespondenz-Zentralbankmodell handeln die *nationalen Zentralbanken* als Verwahrer füreinander. Das bedeutet, dass die nationalen Zentralbanken gegenseitig Depots füreinander (und für die EZB) führen. Das ESZB kann bei der grenzüberschreitenden Nutzung von nicht marktfähigen Sicherheiten auf spezifische Varianten des Modells zurückgreifen.

Kreditinstitut (credit institution): Bezieht sich in diesem Bericht auf ein Institut gemäß der Definition in Artikel 1 der Ersten Bankrechtskoordinierungsrichtlinie (77/780/EWG), d. h. „ein Unternehmen, dessen Tätigkeit darin besteht, Einlagen oder andere rückzahlbare Gelder des Publikums entgegenzunehmen und Kredite für eigene Rechnung zu gewähren".

Längerfristige Refinanzierungsgeschäfte (longer-term refinancing operations): Regelmäßige *Offenmarktgeschäfte,* die vom ESZB in Form von *befristeten Transaktionen* durchgeführt werden. Längerfristige Refinanzierungsgeschäfte werden im Wege von monatlichen *Standardtendern* mit einer Laufzeit von drei Monaten ausgeführt.

Lieferung-gegen-Zahlung-System (L/Z-System) (delivery versus payment system (DVP)): Verfahren in einem Wertaustauschsystem, das sicherstellt, dass die *endgültige Übertragung* des einen Vermögenswerts dann und nur dann erfolgt, wenn die endgültige Übertragung des anderen Vermögenswerts oder der anderen Vermögenswerte zustande kommt.

Liquiditätszuführendes Pensionsgeschäft (repo operation): Liquiditätszuführende *befristete Transaktion* auf der Grundlage einer *Rückkaufsvereinbarung.*

Margenausgleich (margin call): Ein Verfahren im Zusammenhang mit der Anwendung von *Schwankungsmargen;* dabei können die Zentralbanken, falls der regelmäßig ermittelte Wert der Sicherheiten unter eine bestimmte Grenze fällt, die *Geschäftspartner* auffordern, zusätzliche Sicherheiten (oder Barmittel) zur Verfügung zu stellen. Umgekehrt gibt die Zentralbank überschüssige Sicherheiten (oder Barmittel) an den Geschäftspartner zurück, falls der Wert der Sicherheiten nach einer Neubewertung den Betrag, den die Geschäftspartner schulden, zuzüglich der Schwankungsmarge übersteigt.

Marginaler Swapsatz (marginal swap point quotation): *Swapsatz,* bei dem das gewünschte Zuteilungsvolumen im Tenderverfahren erreicht wird.

Marginaler Zinssatz (marginal interest rate): Zinssatz, bei dem das gewünschte Zuteilungsvolumen im Tenderverfahren erreicht wird.

Marktpreisbewertung (marking to market): Siehe *Schwankungsmarge.*

Mengentender (Festsatz-Tender) (fixed rate tender, volume tender): Ausschreibungsverfahren, bei dem der Zinssatz im Voraus von der Zentralbank festgelegt wird und die teilnehmenden *Geschäftspartner* den Geldbetrag bieten, für den sie zum vorgegebenen Zinssatz abschließen wollen.

Mindestreservebasis (reserve base): Summe derjenigen Bilanzposten (insbesondere Verbindlichkeiten), die die Basis für die Berechnung des *Mindestreserve-Solls* eines Instituts darstellen.

Mindestreserveerfüllungsperiode (maintenance period): Zeitraum, für den die Einhaltung der *Mindestreservepflicht* berechnet wird. Die Mindestreserveerfüllungsperiode des *ESZB* wird einen Monat betragen, beginnend mit einem bestimmten Tag des Monats (die Mindestreserveerfüllungsperiode kann z. B. am 24. Kalendertag eines Monats beginnen und am 23. Kalendertag des Folgemonats enden).

Mindestreservepflicht (reserve requirement): Pflicht der Institute, Mindestreserven bei der Zentralbank zu unterhalten. Im Mindestreservesystem des *ESZB* wird die Höhe der von einem Institut zu unterhaltenden Mindestreserven (Mindestreserve-Soll) durch Multiplikation der reservepflichtigen Bilanzpositionen des Instituts mit den jeweiligen Reservesätzen berechnet. Darüber hinaus ist es den Institutionen gestattet, einen *Freibetrag* von ihrem Mindestreservesoll abzuziehen.

Mindestreservesatz (reserve ratio): Von der Zentralbank für jede Kategorie reservepflichtiger Bilanzposten festgelegter Satz. Die Sätze werden zur Berechnung des Mindestreserve-Solls verwendet.

Mindestzuteilung (minimum allotment): Niedrigster Betrag, der *Geschäftspartnern* bei einer Tenderoperation zugeteilt wird. Das *ESZB* kann beschließen, bei seinen Tenderoperationen jedem Geschäftspartner einen Mindestbetrag zuzuteilen.

Mitgliedstaat (Member State): Bezieht sich in diesem Bericht auf einen EU-Mitgliedstaat, der gemäß dem *Vertrag* die einheitliche Währung eingeführt hat.

Monetäres Finanzinstitut (MFI) (Monetary Financial Institution): Ein *Kreditinstitut* oder ein anderes Finanzinstitut, dessen wirtschaftliche Tätigkeit darin besteht, Einlagen bzw. Einlagesubstitute im engeren Sinne von anderen Wirtschaftssubjekten als MFIs entgegenzunehmen und auf eigene Rechnung (zumindest im wirtschaftlichen Sinne) Kredite zu gewähren und/oder in Wertpapieren zu investieren.

Nachträgliche Zinsfestsetzung (post-fixed coupon): Verzinsung eines Schuldtitels mit variabler Verzinsung, die auf der Basis der Werte eines Referenzindexes an (einem) bestimmten Tag(en) während der Zinslaufzeit festgesetzt wird.

Nationale Zentralbank (NZB) (national central bank (NCB)): Bezieht sich in diesem Bericht auf die Zentralbank eines EU-*Mitgliedstaats,* der gemäß dem *Vertrag* die einheitliche Währung eingeführt hat.

Nullkuponanleihe (zero coupon bond): Wertpapier, bei dem während der gesamten Laufzeit nur eine Zahlung anfällt. Im vorliegenden Bericht umfassen Nullkuponanleihen Wertpapiere, die unter Abzug eines Diskonts begeben werden, und Wertpapiere, bei denen eine einzige Zinszahlung bei Fälligkeit erfolgt. *Strips* sind eine besondere Art von Nullkuponanleihen.

NZB-Geschäftstag (NCB business day): Jeder Tag, an dem die *nationale Zentralbank* eines bestimmten *Mitgliedstaats* zur Ausführung von geldpolitischen Operationen des *ESZB* geöffnet ist. Sollten Zweigstellen der nationalen Zentralbank in einigen Mitgliedstaaten an NZB-Geschäftstagen aufgrund lokaler oder regionaler Bankfeiertage geschlossen sein, muss die betreffende nationale Zentralbank die *Geschäftspartner* vorab über die Regelungen bezüglich der Geschäfte mit diesen Zweigstellen informieren.

Offenmarktgeschäft (open market operation): Geldpolitische Operation, die auf Initiative der Zentralbank am Finanzmarkt durchgeführt wird und eine der folgenden Transaktionen umfasst: 1) definitiver Kauf oder Verkauf von Vermögenswerten (Kassa und Termin), 2) Kauf oder Verkauf von Vermögenswerten im Rahmen einer *Rückkaufsvereinbarung,* 3) Kreditgewährung oder Kreditaufnahme gegen Sicherheiten, 4) Emission von Zentralbank-Schuldverschreibungen oder 5) Hereinnahme von Einlagen.

Pfandpoolverfahren (pooling system): System zur Verwaltung von Sicherheiten durch die Zentralbanken, bei dem die *Geschäftspartner* Aktiva in einen Pool einbringen, die als Sicherheit für ihre Geschäfte mit der Zentralbank dienen. Anders als bei einem *Kennzeichnungsverfahren* werden bei einem Pfandpoolverfahren die Sicherheiten nicht als Deckung für bestimmte Geschäfte gekennzeichnet.

Reserveguthaben (reserve holdings): Guthaben der *Geschäftspartner* auf ihren *Reservekonten,* die der Erfüllung der *Mindestreservepflicht* dienen.

Reservekonto (reserve account): Konto bei der Zentralbank, auf dem ein *Geschäftspartner Reserveguthaben* unterhält. Die *Zahlungsausgleichskonten* der Geschäftspartner bei den *nationalen Zentralbanken* können als Reservekonten genutzt werden.

Rückkaufspreis (repurchase price): Preis, zu dem der Käufer verpflichtet ist, dem Verkäufer Vermögenswerte im Rahmen einer *Rückkaufvereinbarung* zurückzuverkaufen. Der Rückkaufspreis ist gleich der Summe aus dem *Kaufpreis* und dem Preisaufschlag, der dem Zins auf den zur Verfügung gestellten Liquiditätsbetrag für die Laufzeit der Operation entspricht.

Rückkauftag (repurchase date): Datum, an dem der Käufer verpflichtet ist, dem Verkäufer Vermögenswerte im Rahmen einer *Rückkaufvereinbarung* zurückzuverkaufen.

Rückkaufsvereinbarung (repurchase agreement): Vereinbarung, nach der ein Vermögensgegenstand verkauft wird und die den Verkäufer gleichzeitig berechtigt und verpflichtet diesen Vermögensgegenstand zu einem bestimmten Preis zu einem künftigen Zeitpunkt oder auf Anforderung zurückzukaufen. Eine solche Vereinbarung gleicht wirtschaftlich einem besicherten Kredit, allerdings ohne dass dabei das Eigentum an den Sicherheiten übertragen wird. Das *ESZB* wird bei seinen *befristeten Transaktionen* Rückkaufsvereinbarungen mit fester Fälligkeit nutzen.

Schnelltender (quick tender): *Tenderverfahren,* das im *ESZB* für *Feinsteuerungsoperationen* genutzt wird, wenn die Liquiditätssituation am Markt rasch beeinflusst werden soll. Schnelltender werden innerhalb einer Stunde und nur mit einer begrenzten Zahl von *Geschäftspartnern* durchgeführt.

Schwankungsmarge bzw. Marktpreisbewertung (variation margin or marking to market): Das *ESZB* verlangt, dass der Wert der Sicherheiten während der Laufzeit einer liquiditätszuführenden *befristeten Transaktion* innerhalb einer bestimmten Marge bleiben muss. Falls der regelmäßig neu ermittelte Marktpreis der Sicherheiten unter die Schwankungsbreite absinkt, müssen die *Geschäftspartner* zusätzliche Sicherheiten (oder Barmittel) zur Verfügung stellen. Falls andererseits der Marktwert der Sicherheiten nach ihrer Neubewertung den von einem Geschäftspartner geschuldeten Betrag zuzüglich der Schwankungsmarge übersteigt, gibt die Zentralbank dem Geschäftspartner die überschüssigen Sicherheiten (oder Barmittel) zurück.

Schwellenwert (trigger point): Im Voraus festgelegte Höhe der bereitgestellten Liquidität, bei deren Erreichen ein *Margenausgleich* vorgenommen wird.

Sicherheitenmarge (initial margin): Risikokontrollmaßnahmen bei *befristeten Transaktionen,* wobei der *Geschäftspartner* Sicherheiten zur Verfügung stellen muss, deren Wert dem des gewährten Kredits zuzüglich des Wertes der Sicherheitenmarge entspricht. Das *ESZB* staffelt die Sicher-

heitenmargen nach der Dauer der mit einer Transaktion verbundenen Kreditgewährung an den Geschäftspartner.

Sicherheitsabschlag (haircut): Siehe *Bewertungsabschlag* (valuation haircut).

Solvenzrisiko (solvency risk): Verlustrisiko aufgrund der Zahlungsunfähigkeit (Konkurs) des Emittenten eines Finanzinstruments oder aufgrund der Insolvenz des *Geschäftspartners.*

Spitzenrefinanzierungsfazilität (marginal lending facility): *Ständige Fazilität* des *ESZB,* die die *Geschäftspartner* nutzen können, um Übernachtkredit zu einem im Voraus festgelegten Zinssatz zu erhalten.

Standardtender (standard tender): *Tenderverfahren,* das im *ESZB* bei regelmäßigen *Offenmarktgeschäften* verwendet wird. Standardtender werden innerhalb von 24 Stunden durchgeführt. Alle *Geschäftspartner,* die die allgemeinen Zulassungskriterien erfüllen, sind berechtigt bei Standardtendern Gebote abzugeben.

Ständige Fazilität (standing facility): Zentralbankfazilität, die die *Geschäftspartner* auf eigene Initiative in Anspruch nehmen können. Das *ESZB* wird zwei ständige Übernachtfazilitäten anbieten, die *Spitzenrefinanzierungsfazilität* und die *Einlagefazilität.*

Starttag (start date): Datum, an dem das erste Teilgeschäft einer geldpolitischen Operation abgewickelt wird. Der Starttag entspricht bei *Rückkaufsvereinbarungen* und *Devisenswapgeschäften* dem *Kauftag.*

Strip (seperate trading of interest and principal): *Nullkuponanleihe,* die geschaffen wird, damit Ansprüche auf bestimmte Zahlungsströme aus einem Wertpapier und der Kapitalbetrag des Wertpapiers getrennt gehandelt werden können.

Strukturelle Operation (structural operation): *Offenmarktgeschäft,* das vom *ESZB* in erster Linie durchgeführt wird, um die strukturelle Liquiditätsposition des Finanzsektors gegenüber dem ESZB anzupassen.

Swapsatz (swap point): Differenz zwischen dem Wechselkurs der Termintransaktion und dem Wechselkurs der Kassatransaktion bei einem *Devisenswapgeschäft.*

Tagesschluss (end-of-day): Zeitpunkt am Ende des *Geschäftstages* (nach Schließung des *TARGET-Systems*), an dem die Arbeiten im Zusammenhang mit den an diesem Tag im TARGET-System abgewickelten Zahlungen beendet sind.

TARGET-System (Transeuropäisches Automatisiertes Echtzeit-Brutto-Express-Überweisungssystem) (TARGET (Trans-European Automated Real-time Gross settlement Express Transfer) system): Zahlungsverkehrssystem, das sich aus jeweils einem *Brutto-Abwicklungssystem in Echtzeit (RTGS)* jener *Mitgliedstaaten* zusammensetzt, die zu Beginn der Stufe 3 der Wirtschafts- und Währungsunion im *Euro-Währungsraum* teilnehmen. Die nationalen RTGS-Systeme sind durch das Interlinking-System miteinander verbunden, sodass eine taggleiche Abwicklung grenzüberschreitender Überweisungen im gesamten Euro-Währungsraum ermöglicht wird. Auch RTGS-Systeme von nicht am Euro-Währungsraum teilnehmenden Mitgliedstaaten können an das TARGET-System angeschlossen werden, aber nur, wenn sie in der Lage sind, Zahlungen in Euro abzuwickeln.

Tenderverfahren (tender procedure): Verfahren, bei dem die Zentralbank auf der Basis konkurrierender Gebote der *Geschäftspartner* dem Markt Liquidität zuführt oder vom Markt abschöpft. Die für die Zentralbank günstigsten Gebote kommen vorrangig zum Zuge, bis der Gesamtbetrag an Liquidität, der von der Zentralbank zugeführt oder absorbiert werden soll, erreicht ist.

Variabel verzinslicher Schuldtitel (floating rate instrument): Finanzinstrument, bei dem der Zinssatz in regelmäßigen Abständen anhand eines Referenzindexes neu festgesetzt und damit den Veränderungen der kurz- oder mittelfristigen Marktzinsen angepasst wird. Bei Schuldtiteln mit variabler Verzinsung werden die *Zinsen* entweder im *Voraus* oder *nachträglich festgesetzt*.

Vertrag (Treaty): Vertrag zur Gründung der Europäischen Gemeinschaft, d. h. der ursprüngliche EWG-Vertrag (Römische Verträge) in der Fassung des Vertrages über die Europäische Union (der am 7. Februar 1992 in Maastricht unterzeichnet wurde).

Verwahrstelle (depository): Einrichtung mit der Hauptfunktion, Wertpapiere entweder effektiv zu verwahren oder elektronisch aufzuzeichnen und über das Eigentum an den Wertpapieren Buch zu führen.

Zahlungsausgleichskonto (settlement account): Konto, das von einem Direktteilnehmer am nationalen *RTGS-System* bei der Zentralbank zu Zahlungsverkehrszwecken unterhalten wird.

Zentrale Wertpapierverwahrstelle (central securities depository (CSD)): Einrichtung für die Verwahrung von Wertpapieren, die es ermöglicht, Wertpapiertransaktionen stückelos, d. h. durch reine Buchung, abzuwickeln. Effektive Wertpapiere können durch die Wertpapierverwahrstelle immobilisiert werden oder sind dematerialisiert (d. h., sie existieren nur in elektronischer Form). Neben der Verwahrung kann eine Wertpapierverwahrstelle auch Abstimmungs-, Verrechnungs- und Zahlungsabwicklungsaufgaben wahrnehmen.

Zinsberechnungsmethode (day-count convention): Die Methode, nach der die Anzahl der Tage für die Berechnung von Zinsen bestimmt wird. Das *ESZB* wird bei seinen geldpolitischen Operationen die *Eurozinsmethode (act/ 360)* anwenden.

Zinsfestsetzung im Nachhinein (post-fixed coupon): Variable Verzinsung eines Schuldtitels basierend auf dem Wert eines Referenzindex an (einem) bestimmten Tag(en) während der Zinslaufzeit.

Zinsfestsetzung im Voraus (pre-fixed coupon): Variable Verzinsung eines Schuldtitels basierend auf dem Wert eines Referenzindex an (einem) bestimmten Tag(en) vor Beginn der Zinslaufzeit.

Zinstender (variable rate tender): *Tenderverfahren*, bei dem die *Geschäftspartner* Betrag sowie Zinssatz bieten, zu denen sie mit der Zentralbank Geschäfte tätigen wollen.

Aus: Europäische Zentralbank: Die einheitliche Geldpolitik in Stufe 3; a. a. O., S. 79 ff.

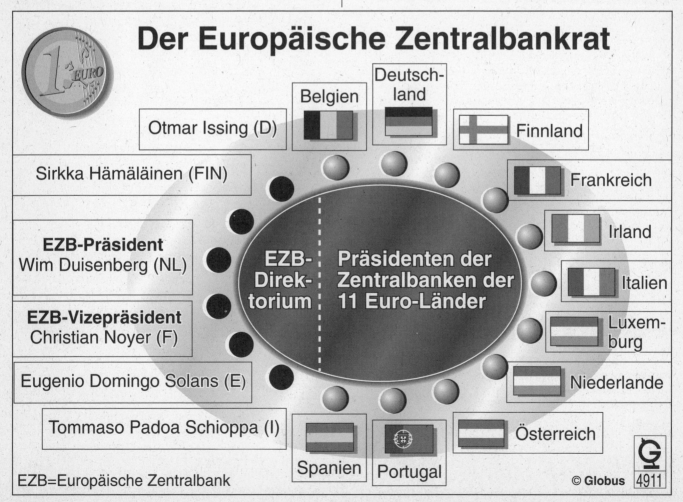

Der Europäische Zentralbankrat

Otmar Issing (D)

Sirkka Hämäläinen (FIN)

EZB-Präsident Wim Duisenberg (NL)

EZB-Vizepräsident Christian Noyer (F)

Eugenio Domingo Solans (E)

Tommaso Padoa Schioppa (I)

EZB=Europäische Zentralbank

EZB-Direktorium

Präsidenten der Zentralbanken der 11 Euro-Länder

Belgien
Deutschland
Finnland
Frankreich
Irland
Italien
Luxemburg
Niederlande
Österreich
Spanien
Portugal

© Globus 4911

5. Teil: Ausgewählte Gesetze zum Themenbereich Wirtschaftspolitik/ Wirtschaftsordnung

Sechstes Gesetz zur Änderung des Gesetzes über die Deutsche Bundesbank

vom 22. Dezember 1997

Der Bundestag hat das folgende Gesetz beschlossen:

Artikel 1

Das Gesetz über die Deutsche Bundesbank in der Fassung der Bekanntmachung vom 22. Oktober 1992 (BGBl. I S. 1782), zuletzt geändert durch Artikel 12 des Gesetzes vom 24. Februar 1997 (BGBl. I S. 322), wird wie folgt geändert:

1. In § 2 Satz 2 werden die Worte „zweihundertneunzig Millionen" durch die Worte „fünf Milliarden" ersetzt.

2. § 3 wird wie folgt gefaßt:

„§ 3
Aufgaben

Die Deutsche Bundesbank ist als Zentralbank der Bundesrepublik Deutschland integraler Bestandteil des Europäischen Systems der Zentralbanken. Sie wirkt an der Erfüllung seiner Aufgaben mit dem vorrangigen Ziel mit, die Preisstabilität zu gewährleisten, und sorgt für die bankmäßige Abwicklung des Zahlungsverkehrs im Inland und mit dem Ausland. Sie nimmt darüber hinaus die ihr nach diesem Gesetz oder anderen Rechtsvorschriften übertragenen Aufgaben wahr."

3. In § 4 erster Halbsatz werden nach dem Wort „ist" die Worte „unbeschadet des Artikels 6 Abs. 2 der Satzung des Europäischen Systems der Zentralbanken und der Europäischen Zentralbank" eingefügt.

4. § 6 Abs. 1 Satz 1 wird durch folgende Sätze ersetzt:

„Der Zentralbankrat bestimmt die Geschäftspolitik der Bank. Bei der Erfüllung der Aufgaben des Europäischen Systems der Zentralbanken handelt er im Rahmen der Leitlinien und Weisungen der Europäischen Zentralbank. Er erörtert die Auswirkungen der Geld- und Währungspolitik unbeschadet der Weisungsunabhängigkeit des Präsidenten in seiner Eigenschaft als Mitglied des Rates der Europäischen Zentralbank sowie der für die Europäische Zentralbank geltenden Geheimhaltungsvorschriften."

5. In § 7 Abs. 3 Satz 3 wird das Wort „zwei" durch das Wort „fünf" ersetzt.

6. In § 8 Abs. 4 Satz 4 wird das Wort „zwei" durch das Wort „fünf" ersetzt.

7. § 12 wird wie folgt gefaßt:

„§ 12
Verhältnis der Bank zur Bundesregierung

Die Deutsche Bundesbank ist bei der Ausübung der Befugnisse, die ihr nach diesem Gesetz zustehen, von Weisungen der Bundesregierung unabhängig. Soweit dies unter Wahrung ihrer Aufgabe als Bestandteil des Europäischen Systems der Zentralbanken möglich ist, unterstützt sie die allgemeine Wirtschaftspolitik der Bundesregierung."

8. In § 13 Abs. 2 wird Satz 3 aufgehoben.

9. In § 14 Abs. 1 Satz 1 werden nach dem Wort „hat" die Worte „unbeschadet des Artikels 105 a Abs. 1 des EG-Vertrages" eingefügt.

10. Die §§ 15 und 16 werden aufgehoben.

11. In § 25 werden nach der Angabe „§§ 19 bis 24" die Worte „oder auf der Grundlage der Satzung des Europäischen Systems der Zentralbanken und der Europäischen Zentralbank" eingefügt.

12. § 26 Abs. 2 Satz 2 und 3 wird wie folgt gefaßt:

„Der Jahresabschluß ist unter Berücksichtigung der Aufgaben der Deutschen Bundesbank, insbesondere als Bestandteil des Europäische Systems der Zentralbanken, aufzustellen und mit den entsprechenden Erläuterungen offenzulegen; die Haftungsverhältnisse brauchen nicht vermerkt zu werden. Soweit sich aus Satz 2 keine Abweichungen ergeben, sind für die Wertansätze die Vorschriften des Handelsgesetzbuchs für Kapitalgesellschaften entsprechend anzuwenden."

13. § 27 wird wie folgt geändert:

    a) Nummer 1 wird wie folgt gefaßt:

      „1. zwanzig vom Hundert des Gewinns, jedoch mindestens fünfhundert Millionen Deutsche Mark, sind einer gesetzlichen Rücklage, soweit sie den Betrag von fünf Milliarden Deutsche Mark unterschreitet, bis zu ihrer Auffüllung zuzuführen; die gesetzliche Rücklage darf nur zum Ausgleich von Wertminderungen und zur Deckung anderer Verluste verwendet werden."

    b) Nummer 2 wird aufgehoben.

14. § 28 wird aufgehoben.

15. Nach § 44 wird folgender § 45 eingefügt:

„§ 45
Übergangsvorschrift

(1) § 2 Satz 2 und § 27 Nr. 1, jeweils in der Fassung des Sechsten Gesetzes zur Änderung des Gesetzes über

die Deutsche Bundesbank, sind erstmals auf den Jahresabschluß zu dem Stichtag anzuwenden, der dem Beginn des ersten Jahres der Teilnahme der Bundesrepublik Deutschland an der dritten Stufe der Währungsunion gemäß Artikel 109j des EG-Vertrages unmittelbar vorausgeht. § 26 Abs. 2 Satz 2 und 3 in der Fassung des Sechsten Gesetzes zur Änderung des Gesetzes über die Deutsche Bundesbank ist erstmals auf das darauf folgende Geschäftsjahr anzuwenden.

(2) Die bisher nach § 27 Nr. 2 in der bis zum Tage vor dem Artikel 2 Satz 2 des Sechsten Gesetzes zur Änderung des Gesetzes über die Deutsche Bundesbank bestimmten Inkrafttreten dieses Gesetzes geltenden Fassung gebildete Rücklage und die gesetzliche Rücklage, soweit sie den Betrag von fünf Milliarden Deutsche Mark übersteigt, werden im Jahresabschluß zu dem Stichtag aufgelöst, der dem Beginn des ersten Jahres der Teilnahme der Bundesrepublik Deutschland an der dritten Stufe der Währungsunion gemäß Artikel 109j des EG-Vertrages unmittelbar vorausgeht. Die sich aus der Auflösung ergebenden Beträge werden in das Grundkapital eingestellt, bis dieses fünf Milliarden Deutsche Mark beträgt. Der überschießende Betrag wird dem Reingewinn zugeführt."

Artikel 2

Artikel 1 Nr. 5, 6 und 8 tritt am Tage nach der Verkündung in Kraft. Im übrigen tritt dieses Gesetz an dem Tage in Kraft, ab dem die Bundesrepublik Deutschland an der dritten Stufe der Währungsunion gemäß Artikel 109j des EG-Vertrages teilnimmt; dieser Tag ist im Bundesgesetzblatt bekanntzugeben.

Die verfassungsmäßigen Rechte des Bundesrates sind gewahrt.

Das vorstehende Gesetz wird hiermit ausgefertigt und wird im Bundesgesetzblatt verkündet.

Berlin, den 22. Dezember 1997

Der Bundespräsident
Roman Herzog

Der Bundeskanzler
Dr. Helmut Kohl

Der Bundesminister der Finanzen
Theo Waigel

Gesetz über die Bildung eines Sachverständigenrates zur Begutachtung der gesamtwirtschaftlichen Entwicklung

vom 14. August 1963 (Bundesgesetzbl. I S. 685)

in der Fassung des Gesetzes zur Änderung des Gesetzes über die Bildung eines Sachverständigenrates zur Begutachtung der gesamtwirtschaftlichen Entwicklung, vom 8. November 1966 (Bundesgesetzbl. I S. 633) – § 6 Abs. 1 –, und des Gesetzes zur Förderung der Stabilität und des Wachstums der Wirtschaft, vom 8. Juni 1967 (Bundesgesetzbl. I S. 582) – § 6 Abs. 2

Der Bundestag hat das folgende Gesetz beschlossen:

§ 1

(1) Zur periodischen Begutachtung der gesamtwirtschaftlichen Entwicklung in der Bundesrepublik Deutschland und zur Erleichterung der Urteilsbildung bei allen wirtschaftspolitisch verantwortlichen Instanzen sowie in der Öffentlichkeit wird ein Rat von unabhängigen Sachverständigen gebildet.

(2) Der Sachverständigenrat besteht aus fünf Mitgliedern, die über besondere wirtschaftswissenschaftliche Kenntnisse und volkswirtschaftliche Erfahrungen verfügen müssen.

(3) Die Mitglieder des Sachverständigenrates dürfen weder der Regierung oder einer gesetzgebenden Körperschaft des Bundes oder eines Landes noch dem öffentlichen Dienst des Bundes, eines Landes oder einer sonstigen juristischen Person des öffentlichen Rechts, es sei denn als Hochschullehrer oder als Mitarbeiter eines wirtschafts- oder sozialwissenschaftlichen Instituts, angehören. Sie dürfen ferner nicht Repräsentant eines Wirtschaftsverbandes oder einer Organisation der Arbeitgeber oder Arbeitnehmer sein oder zu diesen in einem ständigen Dienst- oder Geschäftsbesorgungsverhältnis stehen. Sie dürfen auch nicht während des letzten Jahres vor der Berufung zum Mitglied des Sachverständigenrates eine derartige Stellung innegehabt haben.

§ 2

Der Sachverständigenrat soll in seinen Gutachten die jeweilige gesamtwirtschaftliche Lage und deren absehbare Entwicklung darstellen. Dabei soll er untersuchen, wie im Rahmen der marktwirtschaftlichen Ordnung gleichzeitig Stabilität des Preisniveaus, hoher Beschäftigungsstand und außenwirtschaftliches Gleichgewicht bei stetigem und angemessenem Wachstum gewährleistet werden können. In die Untersuchung sollen auch die Bildung und die Verteilung von Einkommen und Vermögen einbezogen werden. Insbesondere soll der Sachverständigenrat die Ursachen von aktuellen und möglichen Spannungen zwischen der gesamtwirtschaftlichen Nachfrage und dem gesamtwirtschaftlichen Angebot aufzeigen, welche die in Satz 2 genannten Ziele gefährden. Bei der Untersuchung sollen jeweils verschiedene Annahmen zugrunde gelegt und deren unterschiedliche Wirkungen dargestellt und beurteilt werden. Der Sachverständigenrat soll Fehlentwicklungen und Möglichkeiten zu deren Vermeidung oder deren Beseitigung aufzeigen, jedoch keine Empfehlungen für bestimmte wirtschafts- und sozialpolitische Maßnahmen aussprechen.

§ 3

(1) Der Sachverständigenrat ist nur an den durch dieses Gesetz begründeten Auftrag gebunden und in seiner Tätigkeit unabhängig.

(2) Vertritt eine Minderheit bei der Abfassung der Gutachten zu einzelnen Fragen eine abweichende Auffassung, so hat sie die Möglichkeit, diese in den Gutachten zum Ausdruck zu bringen.

§ 4

Der Sachverständigenrat kann vor Abfassung seiner Gutachten ihm geeignet erscheinenden Personen, insbesondere Vertreter von Organisationen des wirtschaftlichen und sozialen Lebens, Gelegenheit geben, zu wesentlichen sich aus seinem Auftrag ergebenden Fragen Stellung zu nehmen.

§ 5

(1) Der Sachverständigenrat kann, soweit er es zur Durchführung seines Auftrages für erforderlich hält, die fachlich zuständigen Bundesminister und den Präsidenten der Deutschen Bundesbank hören.

(2) Die fachlich zuständigen Bundesminister und der Präsident der Deutschen Bundesbank sind auf ihr Verlangen zu hören.

(3) Die Behörden des Bundes und der Länder leisten dem Sachverständigenrat Amtshilfe.

§ 6

(1) Der Sachverständigenrat erstattet jährlich ein Gutachten (Jahresgutachten) und leitet es der Bundesregierung bis zum 15. November zu. Das Jahresgutachten wird den gesetzgebenden Körperschaften von der Bundesregierung unverzüglich vorgelegt und zum gleichen Zeitpunkt vom Sachverständigenrat veröffentlicht. Spätestens acht Wochen nach der Vorlage nimmt die Bundesregierung gegenüber den gesetzgebenden Körperschaften zu dem Jahresgutachten Stellung. In der Stellungnahme sind insbesondere die wirtschaftspolitischen Schlußfolgerungen, die die Bundesregierung aus dem Gutachten zieht, darzulegen.

(2) Der Sachverständigenrat hat ein zusätzliches Gutachten zu erstatten, wenn auf einzelnen Gebieten Entwicklungen erkennbar werden, welche die in § 2 Satz 2 genannten Ziele gefährden. Die Bundesregierung kann den Sachverständigenrat mit der Erstattung weiterer Gutachten beauftragen. Der Sachverständigenrat leitet Gutachten nach Satz 1 und 2 der Bundesregierung zu und veröffentlicht sie; hinsichtlich des Zeitpunktes der Veröffentlichung führt er das Einvernehmen mit dem Bundesminister für Wirtschaft herbei.

§ 7

(1) Die Mitglieder des Sachverständigenrates werden auf Vorschlag der Bundesregierung durch den Bundespräsidenten berufen. Zum 1. März eines jeden Jahres – erstmals nach Ablauf des dritten Jahres nach Erstattung des ersten Gutachtens gemäß § 6 Abs. 1 Satz 1 – scheidet ein Mitglied aus. Die Reihenfolge des Ausscheidens wird in der ersten Sitzung des Sachverständigenrates durch das Los bestimmt.

(2) Der Bundespräsident beruft auf Vorschlag der Bundesregierung jeweils ein neues Mitglied für die Dauer von fünf Jahren. Wiederberufungen sind zulässig. Die Bundesregierung hört die Mitglieder des Sachverständigenrates an, bevor sie ein neues Mitglied vorschlägt.

(3) Die Mitglieder sind berechtigt, ihr Amt durch Erklärung gegenüber dem Bundespräsidenten niederzulegen.

(4) Scheidet ein Mitglied vorzeitig aus, so wird ein neues Mitglied für die Dauer der Amtszeit des ausgeschiedenen Mitglieds berufen; Absatz 2 gilt entsprechend.

§ 8

(1) Die Beschlüsse des Sachverständigenrates bedürfen der Zustimmung von mindestens drei Mitgliedern.

(2) Der Sachverständigenrat wählt aus seiner Mitte einen Vorsitzenden für die Dauer von drei Jahren.

(3) Der Sachverständigenrat gibt sich eine Geschäftsordnung.

§ 9

Das Statistische Bundesamt nimmt die Aufgaben einer Geschäftsstelle des Sachverständigenrates wahr. Die Tätigkeit der Geschäftsstelle besteht in der Vermittlung und Zusammenstellung von Quellenmaterial, der technischen Vorbereitung der Sitzungen des Sachverständigenrates, dem Druck und der Veröffentlichung der Gutachten sowie der Erledigung der sonst anfallenden Verwaltungsaufgaben.

§ 10

Die Mitglieder des Sachverständigenrates und die Angehörigen der Geschäftsstelle sind zur Verschwiegenheit über die Beratungen und die vom Sachverständigenrat als vertraulich bezeichneten Beratungsunterlagen verpflichtet. Die Pflicht zur Verschwiegenheit bezieht sich auch auf Informationen, die dem Sachverständigenrat gegeben und als vertraulich bezeichnet werden.

§ 11

(1) Die Mitglieder des Sachverständigenrates erhalten eine pauschale Entschädigung sowie Ersatz ihrer Reisekosten. Diese werden vom Bundesminister für Wirtschaft im Einvernehmen mit dem Bundesminister des Inneren festgesetzt.

(2) Die Kosten des Sachverständigenrates trägt der Bund.

§ 12

Dieses Gesetz gilt nach Maßgabe des § 13 Abs. 1 des Dritten Überleitungsgesetzes vom 4. Januar 1952 (Bundesgesetzbl. I S. 1) auch im Land Berlin.

§ 13

Dieses Gesetz tritt am Tage nach seiner Verkündung in Kraft.

Gesetz zur Förderung der Stabilität und des Wachstums der Wirtschaft (Stabilitätsgesetz)

vom 8. Juni 1967 mit Änderungen
bis zum 14. September 1994

§ 1
Erfordernisse der Wirtschaftspolitik

Bund und Länder haben bei ihren wirtschafts- und finanzpolitischen Maßnahmen die Erfordernisse des gesamtwirtschaftlichen Gleichgewichts zu beachten. Die Maßnahmen sind so zu treffen, daß sie im Rahmen der marktwirtschaftlichen Ordnung gleichzeitig zur Stabilität des Preisniveaus zu einem hohen Beschäftigungsstand und außenwirtschaftlichem Gleichgewicht bei stetigem und angemessenem Wirtschaftswachstum beitragen.

§ 2
Jahreswirtschaftsbericht

(1) Die Bundesregierung legt im Januar eines jeden Jahres dem Bundestag und dem Bundesrat einen Jahreswirtschaftsbericht vor. Der Jahreswirtschaftsbericht enthält:

1. die Stellungnahme zu dem Jahresgutachten des Sachverständigenrates ...

2. eine Darlegung der für das laufende Jahr von der Bundesregierung angestrebten wirtschafts- und finanzpolitischen Ziele (Jahresprojektion); die Jahresprojektion bedient sich der Mittel und der Form der volkswirtschaftlichen Gesamtrechnung, gegebenenfalls mit Alternativrechnungen;

3. eine Darlegung der für das laufende Jahr geplanten Wirtschafts- und Finanzpolitik.

(2) Maßnahmen nach § 6 Abs. 2 und 3 und nach den §§ 15 und 19 dieses Gesetzes ... dürfen nur getroffen werden, wenn die Bundesregierung gleichzeitig gegenüber dem Bundestag mit dem Bundesrat begründet, daß diese Maßnahmen erforderlich sind, um eine Gefährdung der Ziele des § 1 zu verhindern.

§ 3
Orientierungsdaten für konzertierte Aktion

(1) Im Falle der Gefährdung eines der Ziele des § 1 stellt die Bundesregierung Orientierungsdaten für ein gleichzeitiges aufeinander abgestimmtes Verhalten (konzertierte Aktion) der Gebietskörperschaften, Gewerkschaften und Unternehmensverbände zur Erreichung der Ziele des § 1 zur Verfügung. Diese Orientierungsdaten enthalten insbesondere eine Darstellung der gesamtwirtschaftlichen Zusammenhänge im Hinblick auf die gegebene Situation.

(2) Der Bundesminister für Wirtschaft hat die Orientierungsdaten auf Verlangen eines der Beteiligten zu erläutern.

§ 4
Außenwirtschaftliche Störungen

Bei außenwirtschaftlichen Störungen des gesamtwirtschaftlichen Gleichgewichts, deren Abwehr durch binnenwirtschaftliche Maßnahmen nicht oder nur unter Beeinträchtigung der in § 1 genannten Ziele möglich ist, hat die Bundesregierung alle Möglichkeiten der internationalen Koordination zu nutzen. Soweit dies nicht ausreicht, setzt sie die ihr zur Wahrung des außenwirtschaftlichen Gleichgewichts zur Verfügung stehenden wirtschaftspolitischen Mittel ein.

§ 5
Bundeshaushalt; Konjunkturausgleichsrücklage

(1) Im Bundeshaushaltsplan sind Umfang und Zusammensetzung der Ausgaben und der Ermächtigungen zum Eingehen von Verpflichtungen zu Lasten künftiger Rechnungsjahre so zu bemessen, wie es zur Erreichung der Ziele des § 1 erforderlich ist.

(2) Bei einer die volkswirtschaftliche Leistungsfähigkeit übersteigenden Nachfrageausweitung sollen Mittel zur zusätzlichen Tilgung von Schulden bei der Deutschen Bundesbank oder zur Zuführung an eine Konjunkturausgleichsrücklage veranschlagt werden.

(3) Bei einer die Ziele des § 1 gefährdenden Abschwächung der allgemeinen Wirtschaftsfähigkeit sollen zusätzlich erforderliche Deckungsmittel zunächst der Konjunkturausgleichsrücklage entnommen werden.

§ 6
Genehmigungsverfahren bei Nachfrageüberhitzung; zusätzliche Ausgaben bei Abschwächung

(1) Bei der Ausführung des Bundeshaushaltsplans kann im Falle einer die volkswirtschaftliche Leistungsfähigkeit übersteigenden Nachfrageausweitung der Bundesregierung den Bundesminister der Finanzen ermächtigen, zur Erreichung der Ziele des § 1 die Verfügung über bestimmte Ausgabemittel, den Beginn von Baumaßnahmen und das Eingehen von Verpflichtungen zu Lasten künftiger Rechnungsjahre von dessen Einwilligung abhängig zu machen. Die Bundesminister der Finanzen und für Wirtschaft schlagen die erforderlichen Maßnahmen vor. Der Bundesminister der Finanzen hat die dadurch nach Ablauf des Rechnungsjahres freigewordenen Mittel zur zusätzlichen Tilgung von Schulden bei der Deutschen Bundesbank zu verwenden oder der Konjunkturausgleichsrücklage zuzuführen.

(2) Die Bundesregierung kann bestimmen, daß bei einer die Ziele des § 1 gefährdenden Abschwächung der allgemeinen Wirtschaftstätigkeit zusätzliche Ausgaben geleistet werden; Absatz 1 Satz 2 ist anzuwenden. Die zusätzlichen Mittel dürfen nur für im Finanzierungsplan (§ 9 in Verbindung mit § 10) vorgesehene Zwecke oder als Finanzhilfe für besonders bedeutsame Investitionen der Länder und Gemeinden (Gemeindeverbände) zur Abwehr einer Störung des gesamtwirtschaftlichen Gleichgewichts (Art. 104 a Abs. 4 Satz 1 GG) verwendet werden. Zu ihrer Deckung sollen die notwendigen Mittel zunächst der Konjunkturausgleichsrücklage entnommen werden.

(3) Der Bundesminister der Finanzen wird ermächtigt, zu dem in Absatz 2 bezeichneten Zweck Kredite über die im Haushaltsgesetz erteilten Kreditermächtigungen hinaus bis zur Höhe von fünf Milliarden Deutsche Mark, gegebenenfalls mit Hilfe von Geldmarktpapieren, aufzunehmen. Soweit solche Kredite auf eine nachträglich in einem Haushaltsgesetz ausgesprochene Kreditermächtigung angerechnet werden, kann das Recht zur Kreditaufnahme erneut in Anspruch genommen werden.

§ 7
Ansammlung der Konjunkturausgleichsrücklage bei der Deutschen Bundesbank

(1) Die Konjunkturausgleichsrücklage ist bei der Deutschen Bundesbank anzusammeln. Mittel der Konjunkturausgleichsrücklage dürfen nur zur Deckung zusätzlicher Ausgaben gemäß § 5 Abs. 3 und § 6 Abs. 2 verwendet werden.

(2) Ob und in welchem Ausmaß über Mittel der Konjunkturausgleichsrücklage bei der Ausführung des Bundeshaushaltsplans verfügt werden soll, entscheidet die Bundesregierung; § 6 Abs. 1 Satz 2 ist anzuwenden.

§ 9
Fünfjähriger Finanzplan

(1) Der Haushaltswirtschaft des Bundes ist eine fünfjährige Finanzplanung zugrunde zu legen. In ihr sind Umfang und Zusammensetzung der voraussichtlichen Ausgaben und die Deckungsmöglichkeiten in ihren Wechselbeziehungen zu der mutmaßlichen Entwicklung des gesamtwirtschaftlichen Leistungsvermögens darzustellen, gegebenenfalls durch Alternativrechnungen.

(2) Der Finanzplan ist vom Bundesminister der Finanzen aufzustellen und zu begründen. Er wird von der Bundesregierung beschlossen und Bundestag und Bundesrat vorgelegt.

(3) Der Finanzplan ist jährlich der Entwicklung anzupassen und fortzuführen.

§ 15
Mittelzuführung an Konjunkturausgleichsrücklage

(1) Zur Abwehr einer Störung des gesamtwirtschaftlichen Gleichgewichts kann die Bundesregierung durch Rechtsverordnung mit Zustimmung des Bundesrates anordnen, daß der Bund und die Länder ihren Konjunkturausgleichsrücklagen Mittel zuzuführen haben.

§ 16
Haushaltswirtschaft der Gemeinden

(1) Gemeinden und Gemeindeverbände haben bei ihrer Haushaltswirtschaft den Zielen des § 1 Rechnung zu tragen.

(2) Die Länder haben durch geeignete Maßnahmen darauf hinzuwirken, daß die Haushaltswirtschaft der Gemeinden und Gemeindeverbände den konjunkturpolitischen Erfordernissen entspricht.

§ 17
Auskunftspflicht von Bund und Ländern

Bund und Länder erteilen sich gegenseitig die Auskünfte, die zur Durchführung einer konjunkturgerechten Haushaltswirtschaft und zur Aufstellung ihrer Finanzpläne notwendig sind.

§ 18
Konjunkturrat

(1) Bei der Bundesregierung wird ein Konjunkturrat für die öffentliche Hand gebildet. Dem Rat gehören an:

1. die Bundesminister für Wirtschaft und der Finanzen,

2. je ein Vertreter eines jeden Landes,

3. vier Vertreter der Gemeinden und der Gemeindeverbände, die vom Bundesrat auf Vorschlag der kommunalen Spitzenverbände bestimmt werden.

Den Vorsitz im Konjunkturrat führt der Bundesminister für Wirtschaft.

(2) Der Konjunkturrat berät nach einer vom Bundesminister für Wirtschaft zu erlassenden Geschäftsordnung in regelmäßigen Abständen:

1. alle zur Erreichung der Ziele dieses Gesetzes erforderlichen konjunkturpolitischen Maßnahmen;

2. die Möglichkeiten der Deckung des Kreditbedarfs der öffentlichen Haushalte.

Der Konjunkturrat ist insbesondere vor allen Maßnahmen nach den §§ 15, 19 und 20 zu hören.

(3) Der Konjunkturrat bildet einen besonderen Ausschuß für Kreditfragen der öffentlichen Hand, der unter Vorsitz des Bundesministers der Finanzen nach einer von diesem zu erlassenden Geschäftsordnung berät.

(4) Die Bundesbank hat das Recht, an den Beratungen des Konjunkturrates teilzunehmen.

§ 19
Beschränkung der Kreditbeschaffung

Zur Abwehr einer Störung des gesamtwirtschaftlichen Gleichgewichts kann die Bundesregierung durch Rechtsverordnung mit Zustimmung des Bundesrates anordnen, daß die Beschaffung von Geldmitteln im Wege des Kredits im Rahmen der in den Haushaltsgesetzen oder Haushaltssatzungen ausgewiesenen Kreditermächtigungen durch den Bund, die Länder, die Gemeinden und Gemeindeverbände sowie die öffentlichen Sondervermögen und Zweckverbände beschränkt wird.

6. Teil: Fachwissenschaftliche Hintergründe zum Themenbereich Wirtschaftspolitik/Wirtschaftsordnung

6.1 Auszug aus: Oppenländer, Karl Heinrich: Konjunkturindikatoren, Fakten, Analysen, Verwendung.

1.1 Zum Konjunkturphänomen

Karl Heinrich Oppenländer

Institut für Wirtschaftsforschung (ifo) und Universität München

1.1.1 Historische Größe

Das *Phänomen Konjunktur* ergibt sich aus der Beobachtung wichtiger Indikatoren, die den Wirtschaftsablauf beschreiben: Dieser Ablauf ist nicht stetig und durch kumulative Auf- und Abwärtsbewegungen geprägt, wobei man gewisse Regelmäßigkeiten zu erkennen glaubt. Jedenfalls wird

> „. . . das Konjunkturphänomen als ein eigenständiges, erklärungsbedürftiges Phänomen" erachtet (Heubes 1991, S. 28).

Das Phänomen ist *nicht neu*. Seit Ende des 17. Jahrhunderts wird Konjunktur als Ausdruck für das „Auf und Ab der Geschäfte" (Vosgerau 1984, S. 3) verwendet. Juglar beschrieb 1860 erstmals den Konjunkturzyklus, „das wiederkehrende, wenn auch nicht gleichförmige Muster der wirtschaftlichen Aktivität" (Vosgerau 1978, S. 479). Seither ist zur Beschreibung der Konjunkturschwankungen ein 4-Phasen-Schema angewendet worden: Der Aufschwung endet im oberen Wendepunkt (Boom), gefolgt vom Abschwung, der in einen unteren Wendepunkt (Rezession) mündet. Anschließend beginnt der Aufschwung von neuem.

Bestätigen lässt sich diese Konjunkturbewegung für Deutschland nur für bestimmte (wohl normale) Zeiten, so die Perioden 1870 bis 1913 und 1950 bis heute. Die Zwischenkriegszeit „mit ihren tiefen konjunkturellen Einbrüchen" ist dagegen „nicht typisch für das historische Konjunkturphänomen" (Borchardt 1976, S. 9).

1.1.2 Behandlung des Konjunkturphänomens

Die Auseinandersetzung mit dem Phänomen Konjunktur beinhaltet in der Regel folgende Abschnitte: Abgrenzung des Erkenntnisgegenstands, Konjunkturanalyse, Konjunkturprognose und Konjunkturindikatoren.

Erkenntnisgegenstand

Um den *Erkenntnisgegenstand* deutlich zu machen, ist sein zu erklärender Verlauf von Einflüssen zu isolieren, die nicht dem Phänomen zugerechnet werden. Die Ursprungs-werte der Reihen über den Wirtschaftsablauf sind, nach gängiger Übung, um saisonale Einflüsse, irreguläre Komponenten, die hier nicht weiter beachtet werden sollen, und um trendmäßige Abläufe zu bereinigen, um zur „Konjunkturkurve" vorstoßen zu können.

Dahinter steht die Vermutung, dass saisonale Abfolgen (kalendermäßige, jahreszeitliche, witterungsbedingte) anderen Gesetzmäßigkeiten unterliegen als konjunkturelle, die auch Zeiten abdecken, die über „das Saisonale" hinausreichen. Damit wird die Konjunktur als mehrjähriger Ablauf definiert. Eine Saisonbereinigung der Reihen ist vorzunehmen. Trendmäßige Abläufe unterliegen offenbar ebenfalls so, die Vermutung, anderen Gesetzmäßigkeiten als konjunkturelle. Oft findet sich auch die Unterscheidung konjunkturell – strukturell. Damit soll zum Ausdruck gebracht werden, dass bestimmte Gesetzmäßigkeiten in der „konjunkturellen Frist" stabil bleiben (bestimmte Verhaltensweisen, institutionelle Gegebenheiten, Kombinationen von Produktionsfaktoren) und erst längerfristig Veränderungen unterliegen, während Konjunktur durchaus das (saisonbereinigte) Tagesgeschäft betrifft. Die Erklärung der trendmäßigen Gesetzmäßigkeiten wird in der Regel der Wachstumsanalyse und der Wachstumstheorie zugeschrieben, der dafür konstruierte Indikator ist das Produktionspotenzial. Eine Abgrenzung zu dieser trendmäßigen Entwicklung erfolgt dadurch, dass Konjunktur als Nutzungsgrad und Konjunkturschwankungen als Schwankungen in der Nutzung des Produktionspotenzials verstanden werden. Die (saisonbereinigte) Kapazitätsauslastung schält sich damit als Indikator für die Beschreibung der Konjunkturschwankungen heraus („Konjunkturkurve").

Konjunkturanalyse

Diese Konjunkturkurve ist nun einer Analyse und Erklärung zu unterziehen. (Das Konjunkturphänomen ist erklärungsbedürftig). Die *Konjunkturanalyse* operiert dabei im Vorfeld der Erklärung; sie sammelt Fakten, die Gemeinsamkeiten betreffen (wiederkehrende Phänomene der Konjunkturkurve). Sie könnte auch als Sammlung von stilisierten Fakten oder Beschreibung des Konjunkturmusters bezeichnet werden. Ob der Vorstoß zur Erklärung, die mithilfe der *Konjunkturtheorie*, die die stilisierten Fakten aufnimmt und als Hypothese verarbeitet, gelingt, ist, gemessen an der Literaturpraxis, als fraglich zu bezeichnen. Da eine „relative Konstanz der Erscheinungsform der Konjunkturschwankungen in den letzten hundert oder hundertfünfzig Jahren" (Tichy 1994, S. 117) festzustellen ist, könnte vermutet werden, dass die Erklärung des Konjunkturphänomens durch die Konjunkturtheorie weitgehend gesichert ist, was beispielsweise in einer *vorherrschenden* Konjunkturtheorie zum Ausdruck kommen könnte. Die Erklärung weist aber immer wieder neue Facetten auf. Dieser Theorienpluralismus ist deshalb äußerst verwirrend („Überzahl von Konjunkturtheorien", „Konjunktur an Konjunkturtheorien"). Die paradoxe Situation ist gegeben, dass nicht der Theoretiker seine Sorgfalt nachzuweisen hat, nur „relevante" Konjunkturmuster in Hypothesenform zu erklären, sondern dass der Empiriker eine Evaluierung der konkurrierenden theoretischen Ansätze vornehmen muss (vgl. z. B. den Versuch, Konjunkturmuster zur Diskriminierung zwischen den zahlreichen theoretischen Erklärungsansätzen heranzuziehen, Tichy 1994, S. 154 ff.).

Konjunkturprognose

Die Erklärung der Konjunkturkurve, sie typisierend und modellhaft abzubilden, hat nicht nur historisches Interesse, sondern soll Grundlage bilden für Zukunftsaussagen: Die Konjunkturkurve soll damit fortgeschrieben werden können mithilfe der *Konjunkturprognose*. Da jede wirtschaftliche Entscheidung auf einer Vorausschau aufgebaut ist, sind diese Prognosen von existenzieller Bedeutung für Wirtschaftssubjekte und Wirtschaftspolitik. Eine strenge Deduktion der Prognose aus der Erklärung lässt sich schon deshalb nicht vornehmen, weil Quasitheorien vorliegen. Ihre Muster unterliegen Veränderungen in Zeit und Raum und lassen sich nicht einfach extrapolieren. Somit sind weitere Informationen über die Zukunft einzuholen. Die Konjunkturprognose lässt sich letztlich nur über die deduktive Abteilung aus der Konjunkturanalyse und Konjunkturtheorie und über das Schließen der Induktionslücke (Kluft zwischen der Erklärung der Vergangenheit und dem Wissen über die Zukunft) bewerkstelligen. Diese Prognosen sind bedingte Prognosen, da sie in Ermangelung eines perfekten Schließens der Lücke und einer aus den Gegebenheiten abzuleitenden mangelhaften Deduktionsmöglichkeit mit Prämissensetzung arbeiten müssen (Oppenländer 1992, S. 297). Daneben sind die Modelle zur Konjunkturprognose („ökonometrische Modelle") in der Regel „vergänglich" (zeit- und raumbezogen, Variation von Exogenität und Endogenität der Variablen im Zeitablauf).

Konjunkturindikatoren

Das angestrebte Durchdringen des Konjunkturphänomens mit der Festlegung der Konjunkturkurve, ihrer Analyse und Erklärung sowie ihrer Prognose stößt damit an Grenzen. Man könnte deshalb von Versuchen sprechen, die unternommen werden (Versuch, die Konjunkturkurve zu bestimmen, Konjunkturerklärungsversuch, Konjunkturprognoseversuch). Jedenfalls tut sich manche Konjunktur-Dichotomie auf (Tichy 1976, 1994), weil sich die Fortschritte („Innovation") in der empirischen Konjunkturforschung und in der Konjunkturtheorie unterschiedlich rasch vollziehen.

Der Zwang zur Erklärung und Prognose einerseits und die immer wieder auftretenden Konjunktur-Dichotomien andererseits führen dazu, dass man mithilfe von *Konjunkturindikatoren* die Beschreibung, die Analyse und die Prognose des Konjunkturphänomens gleichermaßen abdecken will. Solche Vorgehensweisen sind als Measurement without Theory gebrandmarkt worden (Koopmans 1947, vgl. dazu Oppenländer 1994a), sie sind aber oft weiterführend („innovativ").

1.1.3 Identifizierung der Konjunkturkurve

Um die Konjunkturbewegung in einer typisierten Form aus den Ursprungsreihen, die den Wirtschaftsablauf nachzeichnen, herauszufiltern, sind „Bereinigungsverfahren" anzuwenden, die Saison und Trend separieren.

In Deutschland haben sich *drei Methoden für die Saisonbereinigung* herausgebildet (Goldrian 1972, 1973) und in der Anwendung verfestigt – das modifizierte X-11-Verfahren, das die Deutsche Bundesbank verwendet, das Berliner Verfahren, das beim Statistischen Bundesamt und beim Deutschen Institut für Wirtschaftsforschung, Berlin, zur Anwendung kommt und das ASA-II-Verfahren, das im HWWA-Institut für Wirtschaftsforschung, Hamburg, dem Institut für Wirtschaftsforschung (ifo), München, und dem Rheinisch-Westfälischen Institut für Wirtschaftsforschung, Essen, eingesetzt wird. Jede Methode hat ihre Vor- und Nachteile. Ihre „Güte" ist jeweils danach zu beurteilen, ob sie den aktuellen Rand („frühzeitiges Erkennen des Verlaufs der zyklischen Komponenten" und „Korrektur der Schätzwerte nach einer Neubereinigung" (Goldrian 1972, S. 31) genügend zu bereinigen vermag, und ob sie das Problem der immer wieder auftretenden variablen Saison methodisch lösen kann. Die Konjunkturbeurteilung beginnt also schon damit, dass sie sich zunächst mit der Saisonbereinigung und ihrer Problematik auseinandersetzen muss, um überhaupt zu einer überprüfbaren Konjunkturkurve vorstoßen zu können. (. . .)

1.2.2 Einteilung

Ein Einteilungskriterium für Konjunkturindikatoren knüpft an ihren Vorlaufeigenschaften an. Es ist relativ einfach, eine Einteilung in

- vorlaufende Indikatoren
- Spannungsindikatoren
- gleichlaufende Indikatoren
- nachlaufende Indikatoren

vorzunehmen. In Tabelle 1.2.1 sind einige Beispiele aufgeführt worden.

Zur Konjunkturbeurteilung ist relativ bedeutsam, die einzelnen Geschäftsvorgänge in ihren Erwartungen zu erfassen. Es wird vermutet, dass mit den Aktienkursen und den Geschäftserwartungen Schlüsse auf die Gewinnerwartungen gezogen werden können. Die Spannungsindikatoren (Auftragsbestände, Lager, Preise) sagen etwas über Erhitzungs- und Entspannungserscheinungen aus, die sich ergeben, wenn die Nachfrage durch die Produktion nicht prompt bedient werden kann und wenn Märkte nicht geräumt werden können. Gleichlaufende Indikatoren sind Normindikatoren für die Konjunktur wie der Grad der Kapazitätsauslastung oder die industrielle Nettoproduktion. Nachlaufende Indikatoren sagen zunächst wenig zur Konjunkturprognose aus. Sie sind aber wichtige Indikatoren für die Wirtschaftspolitik.

Ein zweites Einteilungskriterium knüpft an der Art der Entstehung von Konjunkturindikatoren an:

- quantitative Indikatoren
- qualitative Indikatoren

---

1 Über die Stabilität der Lead-Struktur sagt die Korrelationsanalyse nichts aus.

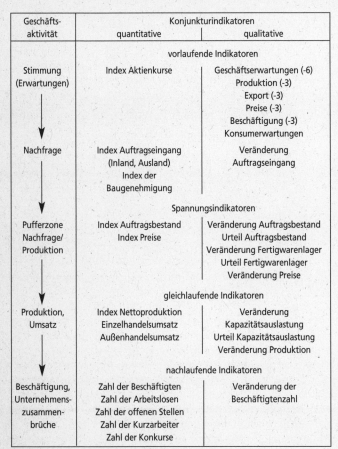

Geschäfts-aktivität	Konjunkturindikatoren	
	quantitative	qualitative
	vorlaufende Indikatoren	
Stimmung (Erwartungen)	Index Aktienkurse	Geschäftserwartungen (-6) Produktion (-3) Export (-3) Preise (-3) Beschäftigung (-3) Konsumerwartungen
Nachfrage	Index Auftragseingang (Inland, Ausland) Index der Baugenehmigung	Veränderung Auftragseingang
	Spannungsindikatoren	
Pufferzone Nachfrage/ Produktion	Index Auftragsbestand Index Preise	Veränderung Auftragsbestand Urteil Auftragsbestand Veränderung Fertigwarenlager Urteil Fertigwarenlager Veränderung Preise
	gleichlaufende Indikatoren	
Produktion, Umsatz	Index Nettoproduktion Einzelhandelsumsatz Außenhandelsumsatz	Veränderung Kapazitätsauslastung Urteil Kapazitätsauslastung Veränderung Produktion
	nachlaufende Indikatoren	
Beschäftigung, Unternehmens-zusammen-brüche	Zahl der Beschäftigten Zahl der Arbeitslosen Zahl der offenen Stellen Zahl der Kurzarbeiter Zahl der Konkurse	Veränderung der Beschäftigtenzahl

Anmerkungen: Die Angaben in Klammern beziehen sich auf den Vorlauf (-) in Monaten.

Tabelle 1.2.1: Abfolge der Geschäftsaktivitäten und ihre Erfassung durch Konjunkturindikatoren (beispielhaft)

In der statistischen Messgenauigkeit sind die *quantitativen* im Vorteil, zumal sie numerische Daten liefern. Der Vorteil wird aber zum zeitlichen Nachteil: Es dauert geraume Zeit, bis der Index der Auftragseingänge oder der Produktion erhoben und berechnet ist und er kann nachträglich abgeändert werden.

Die *qualitativen* Indikatoren sind auf dem Vormarsch, da sie relativ rasch erhoben und aufbereitet werden können (bei monatlich erhobenen Indikatoren: 14 Tage nach Monatsschluss). Sie werden nach Häufigkeiten gewonnen (gewichtete Zahl der meldenden Unternehmen; Saldobildung). Um ihre Repräsentativität zu erreichen und zu wahren, ist eine große Zahl zu erfassen; die Antwortquote muss hoch sein. Beides ist bei den Befragungen des Instituts für Wirtschaftsforschung (ifo) gegeben, sodass die qualitativen Indikatoren mindestens gleichrangig (zu den quantitativen) zu behandeln sind. Hinzu kommt, dass die Konjunkturbeobachtung oft mit Veränderungen arbeitet (absolute Größen sind nicht unbedingt erforderlich). Weitere Vorteile der qualitativen Größen liegen in ihrer Messung der Stimmung und der Spannung: Es werden – über die amtliche Statistik hinaus – Erwartungen und Urteile der Unternehmen eingefangen. Ein weiterer Vorteil ergibt sich dadurch, dass die „Konjunkturkurve" direkt erfasst wird. Der Trend ist von vornherein ausgeschaltet (Saldobildung von mehr oder weniger Meldungen, von Urteilen). Das könnte man auch als „horizontalen Ablauf" (Normmaß ist die Nulllinie zwischen mehr und weniger oder gut und schlecht) bezeichnen.

Ein drittes Einteilungskriterium ergibt sich daraus, dass vorlaufende Indikatoren zuweilen nur in Kombination gewonnen werden können: Nicht ein Einzelindikator ist vorlaufend, sondern nur in Kombination mit anderen. Auch ist es denkbar, dass die Vorlauf-Stabilität durch Kombination zunimmt. Man unterscheidet daher

- Einzelindikatoren
- Gesamtindikatoren

Einzelindikatoren haben den großen Vorteil, dass sie allein stark sein können in der Erklärung. Sie bedürfen vor allem keiner Gewichtung. Bei Gesamtindikatoren spielt die Gewichtung eine große Rolle. In welcher Bedeutung geht die Aussagekraft des einzelnen Indikators in den Gesamtindikator ein? Sind diese Gewichte stabil oder im Zeitablauf variabel? Aufgrund dieser Probleme sind manche Gesamtindikatoren wieder aufgegeben worden (so z. B. ein Gesamtindikator des SVR). „Lebende" Beispiele von Gesamtindikatoren sind die der EU-Kommission, der OECD und des US Department of Commerce (vgl. z. B. OECD 1987, Green und Beckman 1993). Oft werden in Gesamtindikatoren sowohl qualitativ als auch quantitative Indikatoren verwendet.

Aus: Oppenländer, Karl Heinrich: Konjunkturindikatoren. Fakten, Analysen, Verwendung. 2., durchges. Aufl., München, Wien 1996, S. 4 ff.

6.2 Auszug aus: Altmann, Jörn: Wirtschaftspolitik. Eine praxisorientierte Einführung.

8. Weitere Zielsetzung der Wirtschaftspolitik

Wirtschaftspolitik bedeutet die Verfolgung ökonomischer Ziele insbesondere durch staatliches Handeln. In den vorangehenden Kapiteln sind die wichtigsten Ziele behandelt worden, die man üblicherweise als „wirtschaftspolitisch" klassifiziert. Damit ist der mögliche *Zielkatalog* jedoch keineswegs erschöpfend dargestellt. Neben dem *Magischen Viereck*, das immer wieder im Zentrum der Analysen steht, sowie dem *Verteilungs*- und dem *Umweltschutzziel* – deren Einbeziehung zu einem Magischen Fünf- oder Sechseck führt (vgl. auch Kap. 16 zu Zielkonflikten) – sind weitere Zielsetzungen für die Wirtschaftspolitik von Bedeutung, die gleichfalls einen ökonomischen Kern und ökonomische Konsequenzen haben, jedoch auch im Kontext mit umfassenderen gesellschaftspolitischen Überlegungen zu sehen sind. Hierzu zählen u. a. auch die *Bildungspolitik* und die *Forschungspolitik*.

8.1 Bildung und Forschung

Forschung und Bildung können nicht klar gegeneinander abgegrenzt werden; das ist in diesem Zusammenhang hier auch nicht erforderlich. Bildungspolitik kann dabei durchaus als Oberbegriff gelten und erstreckt sich auf primäre und weiterführende Aus- und Fortbildungssysteme aller Art, einschließlich Schulen, Hochschulen und privaten beruflichen Bildungsinstitutionen, und schließt auch die universitäre und industrielle Forschung ein.

Bildungspolitik hat eine ökonomische Qualität: Bildungspolitik ist – allgemein gesprochen – die Entscheidung über die Investition von finanziellen, personellen und sachlichen Ressourcen in das sog. **Humankapital.** Diese vollzieht sich sowohl auf staatlicher als auch auf privater Ebene. Das Wissen über die Zusammenhänge zwischen der Qualität des Produktionsfaktors Arbeit, wie man das Humankapital auch nennen kann, und der ökonomischen Entwicklung ist nicht sehr ausgeprägt. Ein allgemeiner Zusammenhang besteht darin, dass eine Erhöhung der Qualität des Humankapitals eine Erhöhung der **Arbeitsproduktivität** bedeutet und sich über den technischen Fortschritt auch produktivitätssteigernd auf die anderen Produktionsfaktoren (Sachkapital, Boden) überträgt. Neben der Vermittlung von Kenntnissen und Fertigkeiten kann Aus- und Fortbildung dabei auch „Sekundärtugenden" vermitteln wie Leistungsbereitschaft oder Durchsetzungsvermögen. Neben den direkten Bildungseffekten für das betreffende Individuum können sich auch *„spill-over"-Effekte* ergeben, wenn die Ausgebildeten quasi als Multiplikator wirken und Kenntnisse und Fertigkeiten in ihrem sozialen Umfeld weitergeben können. Diese informellen Bildungsimpulse – als positive externe Effekte – haben eine zwar kaum abzuschätzende, sicherlich aber eine stark positive Wirkung vor allem in Entwicklungsländern. In Abschn. 2.4.3 wurde bereits auf Ansätze der sog. **Neuen Wachstumstheorie** hingewiesen, die eben diesen Faktoren – Bevölkerungsentwicklung, technischer Fortschritt und Bildung bzw. Humankapital – eine zentrale Rolle

beimessen und insbesondere das sich aus der Anwendung von Wissen wiederum ableitende Wissen – *learning-by-doing* oder *endogener technischer Fortschritt* – als bedeutende Einflussgröße darstellen.

Für eine ökonomisch sinnvolle Ausnutzung des Humankapitals ist die **Vollbeschäftigung** des Produktionsfaktors Arbeit erforderlich, andernfalls werden Ressourcen nicht genutzt und Wachstumsmöglichkeiten vergeben. Bildungsinvestitionen, die nicht lokal (d. h. im betreffenden Land) genutzt werden können, sind – so gesehen – unproduktiv. In vielen Entwicklungsländern ist zu beobachten, dass Universitätsabsolventen nach ihrem Studium keine (attraktiven) Beschäftigungsmöglichkeiten im eigenen Land finden und ins Ausland gehen (sog. *brain drain*). Für die aufnehmenden Länder bedeutet dies also einen *positiven externen Effekt,* weil sie die Ausbildung nichts gekostet hat.

Eine Verbesserung der Bildungssituation müsste – das ist eine plausible Hypothese – positiv mit wirschaftlichem Wachstum korrelieren, und zwar in beiden Richtungen: Bildung stimuliert ökonomisches Wachstum, Wachstum ermöglicht höhere Bildungsinvestitionen. Der ursächliche Zusammenhang, dass bessere Bildung das Wachstum anregt, ist noch am ehesten für die Primärbildung nachzuweisen, wobei dieser Effekt in ärmeren Ländern (Entwicklungsländern) deutlicher ist als in reichen (Industrieländern). Aber auch Investitionen in die höhere Bildung, die nicht im „brain drain" resultieren, haben in Entwicklungsländern messbarere Effekte als in Industrieländern. Dort ist hingegen der Einfluss der inländischen Forschung – insbesondere auch der industriellen Forschung – auf das Wachstum deutlicher zu beobachten.[1] Hinsichtlich einer branchenmäßigen Differenzierung, die ja auch Implikationen für die Forschungs- und Bildungspolitik sowie ggf. für eine gezielte Industriepolitik hätte, gibt es jedoch praktisch (noch) keine quantifizierbaren Resultate.

8.2 Andere sozioökonomischen Ziele

Das Beispiel der Bildungspolitik, die wesentliche nicht direkt „ökonomisierbare" Komponenten hat, verdeutlicht, dass die Grenze zur „reinen" Wirtschaftspolitik fließend ist. Die Unmöglichkeit der strikten Abgrenzung zwischen ökonomischen und nichtökonomischen Aspekten wird unterstrichen, wenn man weitere, als wirtschaftspolitisch verstandene Ziele heranzieht: die Versorgung der Bevölkerung mit Kollektivgütern (durch den Staat); der rationalere Einsatz von Produktionsfaktoren durch Förderung des Wettbewerbs, koordinierende Planung und Erhöhung der Mobilität; die Verbesserung der **Qualität des Lebens.**

Alle diese Ziele – so unbestimmt sie in dieser Form auch sind – haben durchaus eine wirtschaftliche Komponente, doch sind sie nicht oder weniger durchsetzt mit nichtökonomischen Aspekten. Dies gilt auch für das aus heutiger Sicht zunehmend genannte Ziel der Verringerung der Abhängigkeit vom Ausland. das u. a. auch eine deutliche sicherheitspolitische Komponente beinhaltet.

Aus: Altmann, Jörn: Wirtschaftspolitik. Eine praxisorientierte Einführung. 6., erweit. u. völlig überarb. Aufl., Stuttgart, Jena 1995, S: 227 ff.

---

1   Beiträge zu einer differenzierten quantitativen Analyse der Zusammenhänge finden sich bei Timmermann, Vincenz, Bildung und Ausbildung als Determinanten der wirtschaftlichen Entwicklung, Hamburg 1994.

6.3 Auszug aus: Poser, Günter: Wirtschafts-politik. Eine Einführung.

3.5 Gegenüberstellung von keynesianischen und neoklassischen Empfehlungen zur Gestaltung der Wirtschaftspolitik

Der Gegensatz zwischen Nachfrage- und Angebotstheoretikern oder allgemeiner zwischen Ökonomen, die sich für kurzfristige Eingriffe des Staates in das Wirtschaftsgeschehen zur Stabilisierung der Nachfrage einsetzen, und denjenigen Ökonomen, die eher für eine Zurückhaltung des Staates und eine Stärkung der Marktmechanismen eintreten, bestimmt die wirtschaftspolitischen Auseinandersetzungen in der westlichen Welt seit Jahrzehnten. Beispiele dafür sind die unterschiedlichen und umkämpften Wirtschaftsprogramme der Demokraten und Republikaner in den USA, der Labour Party und der konservativen Partei in Großbritannien, der Sozialisten und der Gaullisten in Frankreich.

In der Wirtschaftspolitik der Koalitionsregierungen der Bundesregierung treten solche Gegensätze nicht so deutlich zu Tage: Gravierende Streitpunkte müssen jeweils bereits im Vorfeld geklärt werden; die Ministerien sind mit Persönlichkeiten verschiedener politischer Grundüberzeugungen besetzt. Aber die Auseinandersetzungen um eine „Alternative Wirtschaftspolitik" erfolgen in den Parteien und auch in wissenschaftlichen Kontroversen umso heftiger. In vereinfachter Form lässt sich sagen: Von der neoklassischen Lehre inspirierte Wirtschaftspolitiker haben die Neigung,

– von Mikrogrößen, also dem differenzierten Marktgeschehen aus zu urteilen und den zusammengefassten Kreislaufgrößen, die keine Strukturänderungen erkennen lassen, eher zu misstrauen;

– wegen der schwierigen Finanzierbarkeit bei umfangreichen staatlichen Nachfrageprogrammen um die Geldwertstabilität zu fürchten;

– die Entscheidungen über die Produktionsrichtung lieber den Unternehmern zu überlassen als sie dem Staat anzuvertrauen;

– sich in der Rezession von Lohnzurückhaltung (und weniger hohen gesetzlichen Entlassungsbarrieren) mehr Investitions- und Beschäftigungsanreize zu versprechen als aus dem ungezielten Nachfragestoß von Lohnsteigerungen.

Von der Keynes'schen Lehre inspirierte Wirtschaftspolitiker sind dagegen geneigt,

– von hochaggregierten (d. h. zusammengefassten) Kreislaufgrößen her zu urteilen und sich weniger um die zugrunde liegenden Marktprozesse zu kümmern;

– bei vermuteten Nachfragelücken staatliche Interventionen zu empfehlen, wobei es auf die Ausrichtung der Nachfrageprogramme weniger ankommt;

– zur Stärkung der Nachfrage Einkommenssteigerungen nicht nur über Steuernachlässe, sondern auch über Lohnerhöhungen zu fordern (ungeachtet der daraus resultierenden Erhöhung der Stückkostenbelastung).

Trotz dieser Gegensätze bestehen jedoch auch grundsätzliche Gemeinsamkeiten. In beiden Theorien wird anerkannt, dass der Wirtschaftsprozess im Ganzen getragen wird durch marktwirtschaftliche Preissteuerungsprozesse, die durch nichts Gleichwertiges ersetzbar sind, und dass die Investitionstätigkeit der Unternehmer das tragende Element der wirtschaftlichen Entwicklung ist. Zur Stärkung der unternehmerischen Investitionsbereitschaft plädieren Keynesianer „im Zweifel" für „Nachfrageerhöhung", Neoklassiker für „Kostensenkung".

Es gibt aber natürlich auch extremere wirtschaftspolitische Grundhaltungen.

So bezweifeln die Verfasser der in der Bundesrepublik gegen die Analysen des Sachverständigenrats und gegen die offizielle Wirtschaftspolitik gerichteten „Memoranden", dass in einer auf privater Verfügung über Produktionsmittel beruhenden Volkswirtschaft überhaupt „Vollbeschäftigung" möglich ist. Diese Zweifel beruhen darauf, dass den privaten Unternehmen unterstellt wird, sich bei ihren Investitionsentscheidungen nicht von der Notwendigkeit der Bereitstellung von Gütern und noch weniger von der Notwendigkeit der Beschäftigung von Arbeitnehmern leiten zu lassen, sondern ausschließlich von ihren Renditeüberlegungen bei der „Kapitalverwertung". Diese Haltung der Kapitalisten führe mit Regelmäßigkeit im Aufschwung zur Überinvestition („Überakkumulation"), und die daraus folgende Überproduktion von Waren könne wegen der nachhinkenden Lohnentwicklung nicht abgesetzt werden. Die Folge sei eine krisenhafte Abschwungbewegung mit Investitionsruinen. Reallohneinbußen und Arbeitslosigkeit. Eine solche Entwicklung lässt sich nach Überzeugung der Verfasser der „Memoranden" nur dann vermeiden, wenn frühzeitig im konjunkturellen Aufschwungprozess eine Umverteilung der Einkommen stattfände. Die Gewinnexplosion zu Beginn des Aufschwungs müsse durch eine Erhöhung der Massenkaufkraft abgelöst werden. Dazu bedürfe es einer Zurückdrängung der „Markt- und Kapitallogik", die angesichts der zunehmenden „Monopolisierung" jedoch nur durch eine zur Systemüberwindung bereite neue Konstellation der politischen Kräfteverhältnisse möglich sei. Insofern gehen die „Memoranden" über Keynes'sche Politikerempfehlungen weit hinaus: „Der makroökonomische Steuerungsoptimismus, mit dem *Keynes* die mangelnde Koordinierungsfähigkeit des Preissystems für kompensierbar hält", wird nicht geteilt. „Die dafür unterstellten Effizienzvoraussetzungen sind ... bei wachsender Monopolisierung nicht erfüllt" (*Hickel*).

Die Wirtschaftspolitik in der Bundesrepublik hat bisher erfolgreich versucht solchen Extremen auszuweichen und einen mittleren Weg zu gehen.

In den Achtzigerjahren haben die neoklassischen Erklärungsmuster die keynesianischen abgelöst. Allerdings scheint bei vielen Wirtschaftspolitikern die Überzeugung zu steigen, dass die Wahl der wirtschaftspolitisch sinnvollsten Strategie vor allem von der jeweils vorliegenden gesamtwirtschaftlichen Lage abhängig gemacht werden muss.

Aus: Poser, Günter: Wirtschaftspolitik. Eine Einführung. 5., überarb. und aktualisierte Aufl., Stuttgart 1994. S. 55 ff.

6.4   Auszug aus: Altmann, Jörn: Wirtschaftspolitik. Eine praxisorientierte Einführung.

V. Teil: Besondere Probleme der Wirtschaftspolitik

15.   Realisierung wirtschaftspolitischer Maßnahmen

15.1   Diagnose und Dosierung

Wirtschaftspolitik bedeutet Ziele setzen und Maßnahmen ergreifen, die das wirtschaftliche Geschehen in einer Volkswirtschaft zielkonform regeln und beeinflussen sollen. Dazu ist es erforderlich, sich ein aktuelles Bild über die wirtschaftliche Lage und ihre zukünftige Entwicklung zu machen. Die Effizienz wirtschaftspolitischer Maßnahmen hängt einmal davon ab, ob sie geeignet sind das angestrebte Ziel zu verwirklichen, d. h., Ziel und Mittel müssen sachlich miteinander vereinbar (kompatibel) sein. Dies ist ein **Diagnoseproblem** und beinhaltet auch eine bestimmte theoretische Festlegung, da offensichtlich – wie im Kap. 9 dargelegt – ein und dasselbe Problem je nach der gewählten wirtschaftspolitischen Konzeption sehr unterschiedliche Maßnahmen bedeuten kann. Empirische Tests behauptete Ursache-Wirkungs-Zusammenhänge können dazu beitragen, ökonomische Theorien zu erhärten oder zu widerlegen. Allerdings muss die Tatsache berücksichtigt werden, dass ökonomische Theorien kein umfassendes Bild der wirtschaftlichen Lage abgeben können, da diese nicht alle Einflussfaktoren berücksichtigen. Vielmehr werden häufig einige Einflussfaktoren konstant gesetzt („ceteris paribus"), um einen Sachverhalt zu quantifizieren. Ein weiteres Problem der Diagnose besteht darin, dass die statistischen Informationen, die für Diagnosen herangezogen werden, zum Teil unzureichend und häufig geschätzt sind. So gibt es beispielsweise für den deut-

schen Außenhandel seit Beginn des EG-Binnenhandels nur sehr unzuverlässige Zahlen, da Ein- und Ausfuhren nicht mehr mit Zollpapieren erfasst werden. Die Bundesbank weist diese Zahlen daher in ihren Monatsberichten als „mit großer Unsicherheit behaftet" aus. Da sich aber wirtschaftspolitische Maßnahmen auf statistische Daten stützen müssen, kann eine fehlerhafte Diagnose zu einem fehlerhaften Einsatz des wirtschaftspolitischen Instrumentes führen.

Daraus ergibt sich ein **Dosierungsproblem,** in dem festzulegen ist, in welchem Ausmaß eine als theorie- bzw. zielkonform betrachtete Maßnahme einzusetzen ist. Beispielsweise stellte es sich bei Wechselkursänderungen – nicht nur innerhalb des Europäischen Währungssystems – oft heraus, dass der gewählte Abwertungssatz einer Währung zu gering war, sodass „Nachbesserungen" erforderlich waren.

15.2   Verzögerungen

15.2.1 „Lags"

Zwischen Auftreten eines Problems und Wirksamwerden entgegengerichteter Maßnahmen liegt ein – zum Teil beträchtlicher – Zeitraum, der sich aus verschiedenen zeitlichen Verzögerungen (**„lags"**) zusammensetzt. Die erste Verzögerung besteht darin, dass ein auftretendes Problem nicht sofort erkannt wird, sondern erst, nachdem es eine gewisse Größenordnung angenommen und damit eine Erkenntnisschwelle überschritten hat **(Erkenntnislag).** Daran schließt sich der **Entscheidungslag** an, da die Entscheidung über Art und Umfang der geeigneten Maßnahme – z. B. aufgrund parlamentarischer Verfahrensvorschriften – gleichfalls Zeit erfordert. Drittens ergibt sich ein **Durchführungslag,** in dem die beschlossenen Maßnahmen seitens der zuständigen Behörden bzw. Institutionen angewendet werden müssen.

Der Handelsblatt-Frühindikator und das reale Bruttoinlandsprodukt

%

— Frühindikator
— reales BIP

(Quartalswerte für den Wachstumstrend in Prozent)

1981 82 83 84 85 86 87 88 89 90 91 92 93 94

BIP 4. Quartal 1993 vorläufiger Jahreswert; Frühindikator um ein Quartal nach vorne versetzt; reale BIP-Entwicklung in gleitender Jahresdurchschnittsrate; Stand: März 1994 - © Handelsblatt-Grafik

Viertens tritt ein **Wirkungslag** zwischen Ausführung und „Greifen" einer Maßnahme ein, gefolgt wiederum von einem Kontroll- bzw. erneutem **Erkenntnislag** hinsichtlich des Feststellens bzw. der Erfassung der Wirkung.

15.2.2 Prognosen und Indikatoren

Die Erkenntnisverzögerung soll durch ständige Beobachtung des Wirtschaftsprozesses, insbesondere von **Frühindikatoren** (vgl. Abschn. 2.3.2 und Abb. 15.2.2/1), so weit wie möglich abgekürzt werden. Die Erkenntnisverzögerung hängt somit auch von den Methoden und Intervallen der Informationsgewinnung ab. Hierzu zählt auch der Versuch, Vorhersagen über die wahrscheinliche Entwicklung zu machen, um auf der Basis solcher Prognosen Maßnahmen vorbereiten zu können. Die Praxis lehrt dabei, dass der Wert von Prognosen von der Gültigkeit ihrer Annahmen abhängt. Besondere Prognoseprobleme stellen die Erfassbarkeit der Wirkung einzelner Maßnahmen und ihre Abgenzung gegenüber anderen Faktoren dar. Dies gilt in qualitativer wie quantitativer Hinsicht. Außerordentliche Störfaktoren verringern die Treffsicherheit von Prognosen dabei erheblich. Inwieweit prognostizierte und tatsächlich eingetroffene Größen in der Wirklichkeit voneinander abweichen können, veranschaulicht Abb. 15.2.2/2.

Viele Faktoren sind kaum verlässlich vorauszusagen, wie z. B. die Entwicklung eines flexiblen Wechselkurses (Abb. 15.2.2/3). Wenn die Bedingung „unter der Voraussetzung, dass . . ." aber nicht erfüllt wird, erweist sich die Prognose als unzutreffend. Die Unsicherheit über die Zukunft birgt die Gefahr in sich vage Prognosen zu stimulieren. Wer behauptet, dass morgen „Wetter" sei, hat sicher Recht, aber eine solche Prognose ist sinnlos. Je präziser andererseits die Aussagen sein sollen, desto unsicherer ist ihr Eintreffen.

Leider gibt es aber nicht selten ausgesprochen gegensätzliche Prognosen im Zusammenhang mit ein und demselben Problem, da einmal unterschiedliche Annahmen, Methoden und Daten verwendet werden, zum anderen aber auch in die Problemanalyse normative Elemente einfließen, sei es im Hinblick auf die eigene Interessenlage, sei es hinsichtlich der zugrunde liegenden optimistischen oder pessimistischen Einstellung. Abb. 15.2.2/4 verdeutlicht beispielhaft den Spielraum, der sich insgesamt ergeben kann. Abb. 15.2.2/5 gibt einen Einblick in Prognosetechniken.

Abb. 15.2.2/2: Prognose und Wirklichkeit

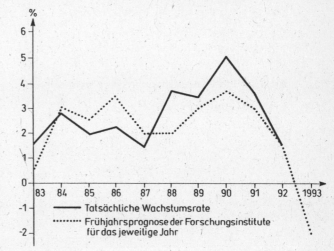

Quelle: DIE WELT

Die seriöseste Prognose kann allerdings nicht besser sein als das Datenmaterial, das ihr zugrunde liegt. Viele Zahlen, die den Statistischen Landesämtern oder dem Statistischen Bundesamt (ein schöner Versprecher dazu war: Buddhistisches Standesamt ...) zugehen, sind unvollständig, teilweise veraltet, teilweise ungenau, wenn nicht sogar falsch. Viele Daten können nur ungenau geschätzt werden (vgl. Abschn. 5.2 zur Zahlungsbilanzstatistik); insbesondere seit Realisierung des Binnenmarktes ab 1. Jan. 93, wodurch sämtliche (internen) warenbezogenen Grenzabfertigungen entfallen sind, sind die Daten „mit großer Unsicherheit behaftet" (Zitat Deutsche Bundesbank): Statt der amtlichen Zollpapiere sind nun von den Unternehmen statistische Meldescheine zu erstellen (sog. **IntraStat**-Meldungen). Dass dabei vielleicht nicht immer mit Akribie vorgegangen wird, kann man getrost vermuten.

Aus den amtlichen statistischen Werten aber leiten sich wirtschaftspolitische Entscheidungen ab. Je älter oder ungenauer die Daten sind, desto dünner ist diese Entscheidungsgrundlage. Aber dieses Problem besteht in erhöhtem Maße für „automatische" Entscheidungen, die sich an die Veränderung bestimmter Indikatoren knüpfen.

Aus: Altmann, Jörn: Wirtschaftspolitik. Eine praxisorientierte Einführung. 6., erw. und völlig überarbeitete Aufl., Stuttgart, Jena 1995, S. 553 ff.

7. Teil: Makrosequenz Wirtschaftspolitik/ Wirtschaftsordnung im Überblick

Grafische Darstellung der prozessorientierten und fächerübergreifenden Aspekte

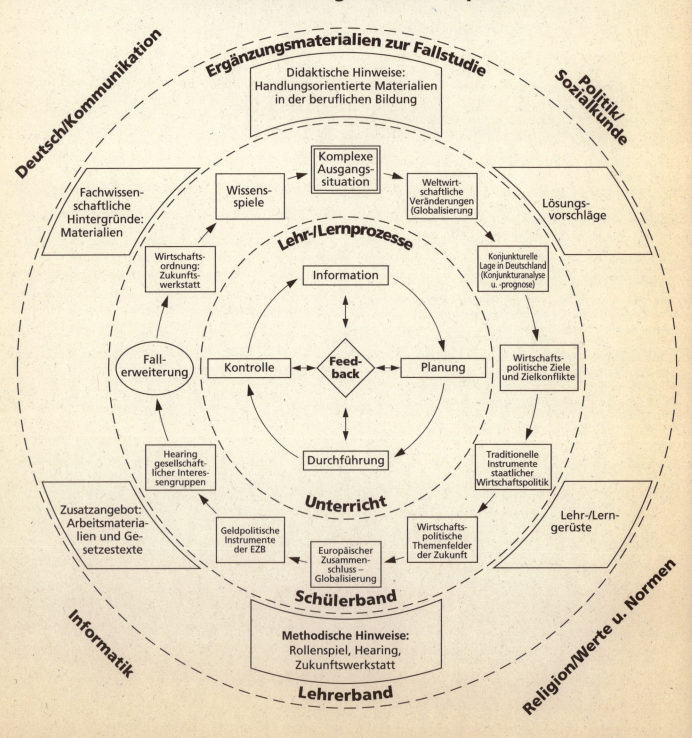